袁州州学记（李觏）

皇帝①二十有三年，制诏州县立学。惟时守令，有哲有愚。有屈力殚虑，祗②顺德意；有假官借师，苟具文书。或连数城，亡诵弦声。倡而不和，教尼不行。

三十有二年，范阳③祖君无泽④知袁州⑤。始至，进诸生，知学宫阙状。大惧人材放失，儒效阔疏，亡以称上意旨。通判⑥颍川陈君侁⑦，闻而是之，议以克合。相旧夫子庙，狭隘不足改为，乃营治之东。厥土燥刚，厥位面阳，厥材孔良。殿堂门庑，黝⑧垩⑨丹漆，举以法。故生师有舍，庖廪有次。百尔器备，并手偕作。工善吏勤，晨夜展力，越明年成。

舍菜⑩且有日，盱江⑪李觏谂⑫于众曰：『惟四代之学，考诸经可见已。秦以山西鏖六国，欲帝万世，刘氏一呼，而关门不守，武夫健将，卖降恐后，何耶？诗书之道废，人惟见利而不闻义焉耳。孝武乘丰富，世祖出戎行，皆孳孳学术。俗化之厚，延于灵、献。草茅⑬危言者，折首而不悔；功烈震主者，闻命而释兵；群雄相视，不敢去臣位，尚数十年。教道之结人心如此。今代遭圣神，尔袁得贤君，俾尔由庠序，践古人之迹。天下治，则谭⑭礼乐以陶吾民；一有不幸，尤当仗大节，为臣死忠，为子死孝。使人有所赖，且有所法。是惟朝家教学之意。若其弄笔墨以徼利达而已，岂徒二三子⑮之羞，抑亦为国者之忧。』

此年实至和甲午，夏某月甲子记。

注释

①皇帝：这里指宋仁宗。

②祗：恭敬。

③范阳：古郡名，在今河北涿县一带。

④祖君无泽：祖无泽，字泽之，北宋上蔡（今河南上蔡县）人，历官直集贤院。

⑤袁州：治所在今江西宜春县。

⑥通判：官名，地位略次于州府长官。

⑦陈君侁：陈侁，字复之，北宋长乐（今福建长乐县）人，进士。

⑧黝：淡黑色。

⑨垩：白色土。

⑩舍菜：也作『舍采』，古代入学开始时举行的一种仪式。即向孔子牌位献上芹藻一类菜蔬。舍，放下。

⑪盱江：水名，一称抚河，又称建昌江，在今江西东部。

⑫谂：规劝，告诉，勉励。

⑬草茅：指在野的人。

⑭谭：同『诞』，光大。

⑮二三子：即『二三君子』的略称，大家，诸君。

点评

本文记叙祖无择任袁州知州，看到当地学宫破败、孔庙狭小，带领百姓修建新学宫，举行祭礼的事迹。作者作为祭礼的参加者，发言批评了办学不力的地方官，指出了办学的重大意义，总结历史经验，勉励袁州的读书人努力学习圣贤的礼节，使国家长治久安，文明不替，而不要只想着谋求功名富贵。

本文虽然不像欧阳修散文那样摇曳多姿，也不像苏东坡散文那样豪放与婉约兼备，但它凝练庄重的语言让我们领略到散文厚实的格调，选材详略得当，也是写作成功之处。

朋党论（欧阳修）

臣闻朋党之说，自古有之，惟幸①人君辨其君子小人而已。大凡君子与君子以同道②为朋，小人与小人以同利为朋，此自然之理也。

然③臣谓小人无朋，惟君子则有之。其故何哉？小人所好者禄位也，所贪者财货也。当其同利之时，暂相党引以为朋者，伪也；及其见利而争先，或利尽而交疏，则反相贼害④，虽其兄弟亲戚，不能相保。故臣谓小人无朋，其暂为朋者，伪也。君子则不然⑤，所守者道义，所行者忠信，所惜者名节⑥。以之修身，则同道而相益⑦；以之事国，则同心而共济；终始如一，此君子之朋也。故为人君者，但当退⑧小人之伪朋，用君子之真朋，则天下治矣。

尧之时，小人共工、驩兜等四人为一朋，君子八元、八恺十六人为一朋。舜佐尧，退四凶小人之朋，而进元、恺君子之朋，尧之天下大治。及舜自为天子，而皋、夔、稷、契等二十二人并列于朝，更相称美，更相推让，凡⑨二十二人为一朋，而舜皆用之，天下亦大治。《书》曰：『纣有臣亿万，惟亿万⑩心；周有臣三千，惟一心。』纣之时，亿万人各异心，可谓不为朋矣，然纣以亡国。周武王之臣，三千人为一大朋，而周用以兴。后汉献帝时，尽取天下名士囚禁之，目为党人。及黄巾贼起，汉室大乱，后方悔悟，尽解⑪党人而释之，然已无救矣。唐之晚年，渐起朋党之论。及昭宗时，尽杀朝之名士，或投之黄河，曰：『此辈清流，可投浊流。』而唐遂亡矣。

夫前世之主，能使人人异心不为朋，莫如纣；能禁绝善人为朋，莫如汉献帝；能诛戮清流之朋，莫如唐昭宗之世；然皆乱亡其国。更相称美推让而不自疑，莫如舜之二十二臣，舜亦不疑而皆用之；然而后世不诮舜为二十二人朋党所欺，而称舜为聪明之圣者，以能辨君子与小人也。周武之世，举其国之臣三千人共为一朋，自古为朋之多且大，莫如周；然周用此以兴者，善人虽多而不厌也。

嗟呼！兴亡治乱之迹，为人君者，可以鉴⑫矣。

注释

①幸：希望。

②同道：志同道合。

③然：但是。

④贼害：伤害，残害。

⑤然：这样。

⑥名节：名誉气节。

⑦益：帮助。

⑧退：排除，排斥。

⑨凡：共。

⑩亿万：极言其多。

⑪解：解除，赦免。

⑫鉴：动词，照，引申为借鉴。

点评

这篇文章起笔不凡，毫不回避小人用来陷人以罪、君子为之谈虎色变的『朋党说』，开篇就提出君子小人皆有朋，惟人君辨其君子小人的观点，理直气壮地揭示了全文的主旨。接下来引证大量史实，论述了朋党之说自古有之，朋党有君子与小人之别，用小人之朋则国家乱亡，用君子之朋则国家兴盛三个层面。文章写得不枝不蔓，中心突出，有理有据，剖析透辟，气势夺人，具有不可辩驳的逻辑力量和至大至刚的浩然正气。

纵囚论（欧阳修）

信义行于君子，而刑戮[1]施于小人。刑入于死者，乃罪大恶极，此又小人之尤甚者也。宁以义死，不苟[2]幸生，而视死如归，此又君子之尤难者也。方唐太宗之六年[3]，录大辟[4]囚三百余人，纵使还家，约其自归以就死。是以君子之难能，期小人之尤者以必能也。其囚及期，而卒自归无后者。是君子之所难，而小人之所易也。此岂近于人情哉？

或曰：罪大恶极[5]，诚小人矣；及施恩德以临之，可使变而为君子。盖恩德入人之深，而移人之速，有如是者矣。曰：太宗之为此，所以求此名也。然安知夫纵之去也，不意[6]其必来以冀免[7]，所以纵之乎？又安知夫被纵而去也，不意其自归而必获免，所以复来乎？夫意其必来而纵之，是上贼[8]下之情也；意其必免而复来，是下贼上之心也。吾见上下交相贼以成此名也，乌有所谓施恩德与夫知信义者哉？不然，太宗施德于天下，于兹六年矣，不能使小人不为极恶大罪，而一日之恩，能使视死如归而存信义。此又不通之论也！

然则何为而可？曰：纵而来归，杀之无赦。而又纵之，而又来，则可知为恩德之致尔。然此必无之事也。若夫纵而来归而赦之，可偶一为之尔。若屡为之，则杀人者皆不死。是可为天下之常法乎？不可为常者，其圣人之法乎？是以尧、舜、三王[9]之治，必本于人情，不立异以为高，不逆情以干誉[10]。

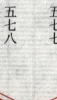

注释

① 刑戮：刑罚或处死。
② 苟：只图眼前。
③ 唐太宗之六年：唐太宗贞观六年（六三二年）。唐太宗是中国历史上有一定作为的皇帝，他在位年间，国势强大，社会较安定，史称『贞观之治』。
④ 大辟：死刑。辟，法。刑法。大辟意为最重的刑罚。
⑤ 罪大恶极：罪恶大到了极点。
⑥ 意：估计。
⑦ 冀免：希望赦免。
⑧ 贼：窃，私下行动，引申为窥测。
⑨ 三王：指夏禹、商汤、周文王和周武王。他们都是儒家崇拜的古代明君。
⑩ 干誉：求取名誉。

点评

本文是一篇史评，评论的是唐太宗李世民的假释死刑犯，犯人被释归家后又全部按时返回，于是赦免了他们的史实。文章从『信义行于君子，而刑戮施于小人』两句说起，警拔有力，标出全文的主旨，也为全文定下了基调。接着反复论析，指出唐太宗的做法有悖人情，违反法度，上下交相贼，只不过是立异鸣高、博取名誉的一种手段、一出闹剧罢了。据史立论，纵横推阐，逻辑严谨，语言犀利，而把一切汇归于常理和人情，尤其耐人寻味。

释①秘演诗集序（欧阳修）

予少以进士游京师②，因得尽交当世之贤豪。然犹以谓国家臣一③四海，休兵革④，养息天下以无事者四十年，而智谋雄伟非常之士，无所用其能者，往往伏而不出⑤；山林屠贩⑥，必有老死而世莫见者，欲从而求之不可得。其后得吾亡友石曼卿⑦。

曼卿为人，廓然⑧有大志，时人不能用其材，曼卿亦不屈以求合⑨；无所放其意，则往往从布衣野老⑩酣嬉淋漓⑪，颠倒而不厌。予疑所谓伏而不见者，庶几狎⑫而得之，故尝喜从曼卿游，欲因以阴⑬求天下奇士。

浮屠⑭秘演者，与曼卿交最久，亦能遗外⑮世俗，以气节自高，二人欢然无所间⑯。曼卿隐于酒，秘演隐于浮屠，皆奇男子也，然喜为歌诗以自娱。当其极饮大醉，歌吟笑呼，以适天下之乐，何其壮也！一时贤士，皆愿从其游，予亦时至其室。十年之间，秘演北渡河⑰，东之济、郓⑱，无所合，困而归。曼卿已死，秘演亦老病。嗟夫！二人者，予乃见其盛衰，则予亦将老矣。

夫曼卿诗辞清绝⑲，尤称秘演之作，以为雅健有诗人⑳之意。秘演状貌雄杰，其胸中浩然㉑，既习于佛，无所用，独其诗可行于世，而懒不自惜。已老，胠其橐㉒，尚得三、四百篇，皆可喜者。

曼卿死，秘演漠然[23]无所向。闻东南多山水，其巅崖崛嵂[24]，江涛汹涌，甚可[25]壮也，遂欲往游焉，足以知其老而志在也。于其将行，为叙其诗，因道其盛时以悲其衰。

庆历二年十二月二十八日庐陵欧阳修序。

注释

①释：佛教，此处指僧人。

②京师：北宋都城汴京，今河南开封。

③臣一：臣服统一。

④兵革：指战争。

⑤伏：隐居，藏匿。

⑥屠贩：屠夫和小商贩。

⑦石曼卿：名延年，宋城（今河南商丘市）人。

⑧廓然：开朗、豪放的样子。

⑨合：指遇到赏识、重用自己的人。

⑩野老：乡村老人。

⑪淋漓：充盛、酣畅。

⑫狎：亲近而且态度随便。

⑬阴：暗中。

⑭浮屠：梵语，佛教。

⑮遗外：遗弃、疏远。

⑯间：隔阂。

⑰河：黄河。

⑱济、郓：济州、郓州，在今山东省。

⑲清绝：清美之极。

⑳诗人：指《诗经》三百篇的作者。

㉑浩然：刚直正大之气。

㉒胠其橐：从旁边打开他的袋子。

㉓漠然：寂静无声的样子。

㉔巅崖崛嵂：山峰高峻，山崖陡峭。

㉕可：表示强调的语助词。

点评

欧阳修一生力辟佛老，认为『礼义者，胜佛之本也』。但是他对才学出众的和尚却十分敬重，交了不少佛门的朋友，秘演便是其中的一个。作者在此文中重点介绍了秘演和石曼卿这两位诗坛奇士，特别是秘演这位怀才不遇、隐身佛门的『奇男子』。

文章通过记述秘演轩昂磊落却不为时用，潦倒困顿的不幸经历，抒发了作者对秘演身世、际遇的深切同情，对当时众多人才的被埋没寄予无限感慨。近代学者林纾说过：『欧阳永叔长于序诗文集。』这话不假。

梅圣俞[1]诗集序（欧阳修）

予闻世谓诗人少达而多穷[2]，夫岂然哉！盖世所传诗者，多出于古穷人之辞[3]也。凡士之蕴[4]其所有而不得施于世者，多喜自放[5]于山巅水涯之外，见虫鱼草木风云鸟兽之状类，往往探其奇怪[6]；内有忧思感愤之郁积[7]，其兴[8]于怨刺，以道羁臣寡妇之所叹，而写人情之难言，盖愈穷则愈工。然则非诗之能穷人，殆[9]穷者而后工也。

予友梅圣俞，少以荫补[10]为吏，累举[11]进士，辄[12]抑于有司[13]，困[14]于州县，凡十余年。年今五十[15]，犹从辟书[16]，为人之佐，郁其所蓄，不得奋见于事业。其家宛陵[17]，幼习于诗，自为童子，出语已惊其长老。既长，学乎六经[18]仁义之说。其为文章，简古纯粹，不求苟说[19]于世。世之人徒知其诗而已。然时无贤愚，语诗者必求之圣俞；圣俞亦自以其不得志者，乐于诗而发之。故其生平所作，于诗尤多。世既知之矣，而未有荐于上者。昔王文康公[20]尝见而叹曰：『二百年无此作矣！』虽知之深，亦不果荐也。若使其幸得用于朝廷，作为雅颂，以歌咏大宋之功德，荐之清庙，而追商、周、鲁颂[21]作者，岂不伟欤！奈何使其老不得志，而为穷者之诗，乃徒发于虫鱼物类，羁[22]愁感叹之言？世徒喜其工，不知其穷之久而将老也！可不惜哉！

圣俞诗既多，不自收拾。其妻之兄子谢景初㉓，惧其多而易失也，取其自洛阳至于吴兴已来所作，次为十卷。予尝嗜圣俞诗，而患不能尽得之，遽㉔喜谢氏之能类次也，辄序而藏之。

其后十五年，圣俞以疾卒㉕于京师，余既哭而铭㉖之，因索于其家，得其遗稿千余篇，并旧所藏，掇㉗其尤者六百七十七篇，为一十五卷。呜呼！吾于圣俞诗，论之详矣，故不复云。

庐陵欧阳修序。

注释

①梅圣俞：即梅尧臣，字圣俞，宣城人，北宋诗人，文学家。有《宛陵先生文集》，共六十卷，约二千九百首，包括诗歌、散文、赋。三十岁在河南县主簿任内的时候，和欧阳修、尹洙发动一次声势浩大的诗文革新运动，在发动之初占有领导的地位，北宋诗人如欧阳修和稍后的王安石、刘敞，以及更后的苏轼都受到他的熏陶。

②穷：指仕途上的穷困，达指仕途上的发达。

③辞：言辞。

④蕴：包藏，包含。

⑤自放：自我放逐。

⑥探其奇怪：探究虫鱼草木风云鸟兽之奥妙。

⑦郁积：指忧郁愤懑积聚于心。

⑧兴：有感之辞。

⑨殆：大概，几乎。

⑩荫补：子孙因前辈功勋而得官为「荫」，官吏或缺被选充职为「补」。

⑪累举：屡次被荐举（去考进士）。

⑫辄：总是，就。

⑬有司：指官吏。

⑭困：仅任地方做小官，故曰「困」。

⑮年今五十：实为四十五，取整数。

⑯辟书：文书。

⑰宛陵：梅尧臣家乡的旧称，区域包括今安徽芜湖市、铜陵市、池州市、宛陵市一带。

⑱六经：指《诗经》《尚书》《仪礼》《乐经》《周易》《春秋》。

⑲苟说：姑且说。苟，姑且，暂且。

⑳王文康公：王曙，河南洛阳人，宋仁宗时宰相。

㉑颂：《诗经》中的祭祀时用的舞曲歌辞。

㉒羁：束缚，拘。

㉓谢景初：梅圣俞妻子哥哥的儿子。

㉔遽：立刻，马上。副词。

㉕以疾卒：生病死了。

㉖铭：是一种文体，最初是刻在器物、碑碣上的文字。这里指写作墓志铭。

㉗掇：拾取，摘取。

点评

作为一本诗集的序言，本文不但体现了文体的应有内容要素，如交代成书的基本情况、介绍作者及该书有关的思想、创作情况，述评其著作的主要特点，而且提出自己关于诗『穷而后工』的创作理论。这一创作既与司马迁的『发愤而作』说和韩愈的『不平则鸣』说一脉相承，也与梅圣俞的创作密切相关，从而自然形成融贯全序乃至全书的灵魂。加上作者行文不即不离，从容不迫，起伏跌宕，富于变化，遂使本文成了古代文学史上一篇备受重视的文章。

送杨寘①序（欧阳修）

予尝有幽忧②之疾，退而闲居，不能治也。既而学琴于友人孙道滋③，受宫声数引④，久而乐之，不知其疾之在体也。夫疾，生乎忧者也。药之毒者，能攻其疾之聚，不若声之至者，能和其心之所不平。心而平，不和者和，则疾之忘也宜哉。

夫琴之为技⑤小矣，及其至也，大者为宫，细者为羽，操弦骤作，忽然变之，急者凄然⑥以促，缓者舒然以和，如崩崖裂石、高山出泉，而风雨夜至也。如怨夫⑦寡妇之叹息，雌雄雍雍⑧之相鸣也。其忧深思远，则舜与文王、孔子之遗音⑨也；悲愁感愤，则伯奇⑩孤子、屈原忠臣之所叹也。喜怒哀乐，动人必深。而纯古淡泊，与夫尧舜三代之言语、孔子之文章⑪、《易》之忧患、《诗》之怨刺⑫无以异。其能听之以耳，应之以手，取其和者，道⑬其湮郁，写⑭其幽思，则感人之际，亦有至者焉。

予友杨君，好学有文，累以进士举，不得志。及从荫调⑮，为尉于剑浦⑯，区区在东南数千里外，是其心固有不平者。且少又多疾，而南方少医药。风俗饮食异宜。以多疾之体，有不平之心，居异宜之俗，其能郁郁以久乎？然欲平其心以养其疾，于琴亦将有得焉。故予作《琴说》以赠其行，且邀道滋酌酒，进琴以为别。

注释

①杨寘：欧阳修的朋友。字审贤，少年时有文才，宋仁宗庆历二年进士。寘，『置』的异体字。

②幽忧：过度的忧伤和劳累。语出《庄子·让王》『我适有幽忧之病。』

③孙道滋：作者的朋友。

④本句意即学习宫、商的声音和几支曲子。

⑤技：技艺。

⑥凄然：悲伤的样子。

⑦怨夫：即旷夫，也就是没有妻室的男子。

⑧雍雍：和谐，和睦。

⑨遗音：遗留下来的音乐。

⑩伯奇：周宣王时，大臣尹吉甫有个儿子，名伯奇，本来很孝顺，由于后娘谗害，被尹吉甫驱逐出去。伯奇很伤心，弹琴作《履霜操》，曲终，投河而死。

⑪文章：指《诗》、《书》、《礼》、《乐》、《易》等。

⑫怨刺：意谓讽刺政治。

⑬道：同「导」，开导。

⑭写：通「泻」。

⑮荫调：凭借上代官爵而得官。

⑯剑浦：县名，今福建南平县内。

点评

本文是为送别朋友杨寘而写的，但开篇着力描写的却是琴声陶冶感情的力量。作者从多方面展开比喻与联想，把音乐中传达出来的复杂、抽象的感情表现得非常具体。直到作者把朋友的境况和对音乐的需要，自己写这篇文章相送的因由交代清楚后，读者才发现作者对朋友的关爱是多么真挚，多么五味杂陈，而前文对音乐的描写无异于对惜别之情的抒发。

五代史伶官①传序（欧阳修）

呜呼！盛衰之理，虽曰天命，岂非人事哉！原庄宗之所以得天下，与其所以失之者，可以知之矣。

世言晋王之将终也，以三矢赐庄宗而告之曰：『梁，吾仇也；燕王，吾所立；契丹与吾约为兄弟；而皆背晋以归梁。此三者，吾遗恨也。与尔三矢，尔其无忘乃父之志！』庄宗受而藏之于庙。其后用兵，则遣从事②以一少牢③告庙，请其矢，盛以锦囊，负而前驱，及凯旋而纳之。

方其系燕父子以组④，函梁君臣之首，入于太庙，还矢先王，而告以成功，其意气之盛，可谓壮哉！及仇雠已灭，天下已定，一夫夜呼，乱者四应，仓皇东出，未及见贼而士卒离散，君臣相顾，不知所归。至于誓天断发，泣下沾襟，何其衰也！岂得之难而失之易欤？抑⑤本其成败之迹，而皆自于人欤？

《书》曰⑥：『满招损，谦得益。』忧劳可以兴国，逸豫可以亡身，自然之理也。故方其盛也，举天下之豪杰，莫能与之争；及其衰也，数十伶人困之，而身死国灭，为天下笑。夫祸患常积于忽微，而智勇多困于所溺⑦，岂独伶人也哉！作《伶官传》。

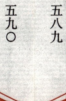

注释

① 伶官：宫庭里为统治者提供娱乐表演的人物。

② 从事：这里指负责具体事物的官员。

③ 一少牢：用猪、羊各一头作祭品。牢，祭祀用的牲畜。

④ 组：丝带，这里指绳索。

⑤ 抑：或者。

⑥《书》曰：语出《尚书·大禹谟》。

⑦ 所溺：沉溺迷恋的人或事物。

点评

这是一篇著名的史论。作者以五代后唐庄宗先盛后衰，先成后败的历史事实，论述国家的盛衰、事业的成败主要取决于人事，取决于执政者的思想行为，并扼要提出『忧劳可以兴国，逸豫可以亡身』，『祸患常积于忽微，而智勇多困于所溺』等具体论断，精辟透彻，发人深省。

本文在写法上欲抑而先扬，先极赞庄宗成功时意气之『壮』，再叹其失败时形势之『衰』，通过盛与衰，兴与亡，得与失，成与败的强烈对比，突出庄宗历史悲剧的根由所在，使『本其成败之迹，而皆自于人』的结论，显得更加令人信服。

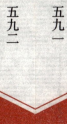

五代史宦官①传序（欧阳修）

自古宦者乱人之国，其源深于女祸②。女，色而已；宦者之害，非一端也。盖其用事也近而习，其为心也专而忍。能以小善中人之意，小信固人之心，使人主必信而亲之。待其已信，然后惧以祸福而把持之。虽有忠臣、硕士③列于朝廷，而人主以为去己疏远，不若起居饮食、前后左右之亲可恃也。故前后左右者日益亲，而忠臣、硕士日益疏，而人主之势日益孤。势孤，则惧祸之心日益切，而把持者日益牢。安危出其喜怒，祸患伏于帷闼④，则向之所谓可恃者，乃所以为患也。患已深而觉之，欲与疏远之臣图左右之亲近，缓之则养祸而益深，急之则挟人主⑤以为质⑥。虽有圣智，不能与谋。谋之而不可为，为之而不可成，至其甚，则俱伤而两败。故其大者亡国，其次亡身，而使奸豪得借以为资⑦而起，至抉其种类，尽杀以快天下之心而后已。此前史所载宦者之祸常如此者，非一世也。

夫为人主者，非欲养祸于内而疏忠臣、硕士于外，盖其渐积而势使之然也。夫女色之惑，不幸而不悟，而祸斯及矣。使其一悟，捽⑧而去之可也。宦者之为祸，虽欲悔悟，而势有不得而去也，唐昭宗之事是已。故曰深于女祸者，谓此也。可不戒哉！

注释

① 宦官：古代帝王宫中阉割后侍奉人的男人。

②女祸：贪恋女色之祸。
③硕士：犹如壮汉，指武士。
④帷闼：泛指皇帝居住的后宫。
⑤人主：君主。
⑥质：人质。
⑦资：资本、基础。
⑧捽：揪，抓。

点评

这篇史论劈头就提出了宦官对国家的扰乱比女祸还要深的论点，因为女色只是色罢了，而宦官的祸害却不只一端。在具体论证中，从君主的特殊地位和宦官的职务、性情、手段入手，引用史实，从层层剖析，步步推论，得出君主势必对宦官日益亲近，对忠臣贤士日益疏远，君王的情势必日益孤立，以至出现安危出于宦官的喜怒，祸患伏于帷闼的局面，而这时再想挽救，已经来不及了。文章笔力雄健而有气势，表达情见乎辞，篇幅虽然短小，却是一篇搏兔而用全力之作。

相州昼锦堂记①（欧阳修）

宦而至将相②，富贵而归故乡，此人情之所荣，而今昔之所同也。盖士方穷时，困厄闾里③，庸人孺子，皆得易而侮之④，若季子不礼于其嫂⑤，买臣见弃于其妻⑥。一旦高车驷马⑦，旗旄⑧导前，而骑卒拥后，夹道之人，相与骈肩累迹⑨，瞻望咨嗟⑩；而所谓庸夫愚妇者，奔走骇汗，羞愧俯伏，以自悔罪于车尘马足之间。此一介之士，得志于当时，而意气之盛，昔人比之衣锦之荣者也⑪。

惟大丞相魏国公⑫则不然。公，相人也，世有令德⑬，为时名卿。自公少时，已擢高科⑭，登显士⑮；海内之士，闻下风而望余光者⑯，盖亦有年⑰矣。所谓将相而富贵，皆公所宜素有，非如穷厄之人，侥幸得志于一时，出于庸夫愚妇之不意，以惊骇而夸耀之也。然则高牙大纛⑱，不足为公荣；桓圭衮裳⑲，不足为公贵；惟德被⑳生民而功施社稷，勒之金石㉑，播之声诗㉒，以耀后世而垂无穷：此公之志，而士亦以此望于公也。岂止夸一时而荣一乡哉？

公在至和中㉓，尝以武康之节㉔，来治于相，乃作昼锦之堂于后圃㉕。既又刻诗于石，以遗相人。其言以快恩雠，矜名誉为可薄，盖不以昔人所夸者为荣，而以为戒。于此见公之视富贵为何如，而其志岂易量哉？故能出入将相，勤劳王家，而夷险一节㉖。至于临大事，决大议，垂绅㉗正笏，不动声色，而措天下于泰山之安，可谓社稷之臣矣！其丰功盛烈㉘，所以铭彝鼎㉙而被弦歌者，乃邦家之光㉚，非闾里之荣也。

注释

①相州昼锦堂：相州，地名，今河南省安阳县。魏国公韩琦是相州人，以武康节度使身份回相州任知州，如衣锦还乡，因此，修建了昼锦堂。

②仕宦：做官。

③困厄闾里：在乡里受困苦。

④易：轻视。

⑤季子：指苏秦，字季子。

⑥买臣见弃于其妻：朱买臣，西汉吴县人，曾以卖柴为生，妻子不能忍受穷困，弃朱而去，后来朱买臣做了大官，妻子要求复婚，朱便叫人端来一盆水泼在马前地上，让她收回来。所谓『覆水难收』。

⑦高车驷马：泛指显贵者的车乘。驷马，四匹马拉的车子。

⑧旄：古时旗杆头上用旄牛尾作的装饰。也指有这种装饰的旗。

⑨骈肩累迹：肩挨肩，足迹相迭。形容人多拥挤。

⑩咨嗟：赞叹。

⑪衣锦之荣：富贵之后回故乡的荣耀。

⑫大丞相魏国公：大，是尊称。魏国公，韩琦的封号。

⑬令德：美好的德行。令，美、善。

⑭已擢高科：已中了高高的科第。

⑮显士：显贵的官吏。

⑯余光：本指落日余辉，此处借指人们远远地瞻望韩琦的丰采。

⑰有年：多年。

⑱高牙大纛：高官的仪仗队。牙，牙旗；纛，仪仗队的大旗。

⑲桓圭衮裳：桓圭，帝王授给三公的命圭。圭是古代帝王诸侯拿在手中的上圆下方的礼器。衮裳，三公所穿的礼服。

⑳被：及。

㉑勒之金石：刻在钟鼎、石碑上。

㉒播之声诗：颂扬在乐章里。

㉓至和：宋仁宗（赵祯）的年号。

㉔武康之节：武康，地名。节，此处指节度使。

㉕圃：园地。

㉖夷险一节：太平的时候和患难的时候表现完全一样。夷，平。险，难。

㉗垂绅：古代官吏束在衣外的大带子。

㉘烈：功业。

㉙彝鼎：钟鼎。

㉚邦家：国家。邦，古代诸侯封国的称号，后来泛指国家。

点评

本文是欧阳修为宰相韩琦在故乡相州修建的昼锦堂写的一篇记。作者围绕『昼锦』二字发挥，先说明富贵还乡，衣锦为荣，是古今所同，并生动描述了古人衣锦还乡、得意洋洋的场面。然后避实就虚，不写昼锦堂本身，而是着重写昼锦堂主人的高尚品德。作者用苏秦、朱买臣等炫耀富贵的庸俗行为作陪衬，盛赞韩琦不以夸耀富贵为荣，反而引以为戒的行为，讽劝权贵们不要『夸一时而荣一乡』，而以『德被生民而功施社稷』为志，进而『耀后世而垂无穷』。全文写得含蓄隽永，迂回起伏，是历来公认的名篇。

丰乐亭记（欧阳修）

修既治滁之明年①夏，始饮滁水而甘。问诸滁人，得于州南百步之近。其上则丰山，耸然而特立；下则幽谷，窈然而深藏；中有清泉，滃然而仰出。俯仰左右，顾②而乐之。于是疏泉凿石，辟地以为亭，而与滁人往游其间。

滁于五代干戈之际，用武之地也。昔太祖皇帝，尝以周师破李景兵十五万于清流山下，生擒其将皇甫晖、

姚凤于滁东门之外，遂以平滁。修尝考其山川，按③其图记，升高以望清流之关，欲求晖、凤就擒之所。而故老皆无在者，盖天下之平久矣。

自唐失其政，海内分裂，豪杰并起而争，所在为敌国者，何可胜④数？及⑤宋受天命，圣人出而四海一。向之凭恃险阻，铲削消磨，百年之间，漠然徒见山高而水清。欲问其事，而遗老尽矣！今滁介江淮之间，舟车商贾、四方宾客之所不至，民生不见外事，而安于畎亩衣食，以乐生送死。而孰知上之功德，休养生息，涵煦⑥于百年之深也。

修之来此，乐其地僻而事简，又爱其俗之安闲。既得斯泉于山谷之间，乃日与滁人仰而望山，俯而听泉。掇幽芳而荫乔木，风霜冰雪，刻露清秀，四时之景，无不可爱。又幸⑦其民乐其岁物之丰成，而喜与予游也。因为⑨本其山川，道⑩其风俗之美，使民知所以安此丰年之乐者，幸生无事之时也。夫⑪宣⑫上恩德，以与民共乐，刺史之事也。遂书以名其亭焉。

庆历丙戌六月日，右正言知制诰、滁州军州事欧阳修记。

注释

①明年：第二年。

②顾：向四周看。

③按：查核。

④胜：尽。
⑤及：到达。
⑥涵煦：滋润化育。
⑦幸：庆幸。
⑧因为：于是就。
⑨本：根据。
⑩道：称道。
⑪夫：句首语气词。
⑫宣：宣扬。

点评

本文题名为『丰乐亭记』，首先交代了建亭的原因。作者身为地方长官，喜爱滁州百姓的『安于畎亩衣食，以乐生送死』的安闲生活，在百忙中也要『与滁人往游其间』，『日与滁人仰而望山，俯而听泉』，体现了他『与民同乐』的爱民思想。但是作者没有满足于这一层面，又通过今昔对比和寻访古战场遗迹而不果，来歌颂太平盛世，把百姓的安居乐业归功于『宋受天命，圣人出而四海一』，显得胸襟开阔，颇有政治眼光。此文是作者在官海失意，被贬至滁州时所作，他的胸襟开阔着实让人佩服。

醉翁亭记（欧阳修）

环滁①皆山也。其西南诸峰，林壑②尤美，望之蔚然而深秀者，琅琊也。山行六七里，渐闻水声潺潺而泻出于两峰之间者，酿泉③也。峰回路转，有亭翼然④临于泉上者，醉翁亭也。作亭者谁？山之僧智仙也。名之者谁？太守自谓也。太守与客来饮于此，饮少辄醉，而年又最高，故自号曰醉翁也。醉翁之意不在酒，在乎山水之间也。山水之乐，得之心而寓之酒也。

若夫日出而林霏⑤开，云归而岩穴暝，晦明变化者，山间之朝暮也。野芳发而幽香，佳木秀而繁阴，风霜高洁，水落而石出者，山间之四时也。朝而往，暮而归，四时之景不同，而乐亦无穷也。

至于负者歌于涂，行者休于树，前者呼，后者应，伛偻提携，往来而不绝者，滁人游也。临溪而渔，溪深而鱼肥，酿泉为酒，泉香而酒洌⑥，山肴野蔌⑦，杂然而前陈者，太守宴也。宴酣之乐，非丝非竹⑧，射⑨者中，弈者胜，觥筹交错，起坐而喧哗者，众宾欢也。苍颜⑩白发，颓乎其间者，太守醉也。已而夕阳在山，人影散乱，太守归而宾客从也。树林阴翳，鸣声上下，游人去而禽鸟乐也。然而禽鸟知山林之乐，而不知人之乐；人知从太守游而乐，而不知太守之乐其乐也。醉能同其乐，醒能述以文者，太守也。太守谓谁？庐陵⑪欧阳修也。

注释

①滁：滁州，今安徽省东部。

②壑：山谷。

③酿泉：泉的名字。因水清可以酿酒，故名。

④翼然：四角翘起，像鸟张开翅膀的样子。

⑤林霏：树林中的雾气。霏，原指雨、雾纷飞，此处指雾气。

⑥洌：清澈。

⑦山肴野蔌：山肴是用从山野捕获的鸟兽做成的菜。野蔌是野菜。蔌，菜蔬的总称。

⑧非丝非竹：不是音乐。丝，弦乐器的代称。竹，管乐器的代称。

⑨射：这里指投壶，古人宴饮时的一种游戏，把箭向壶里投，投中多的为胜，负者照规定的杯数喝酒。

⑩苍颜：容颜苍老。

⑪庐陵：庐陵郡，就是吉州。今江西省吉安市。

点评

《醉翁亭记》是一篇优美的散文。全文以一个『乐』字贯穿始末，在描绘一幅瑰丽多姿的优美图画的同时，很好地体现了儒家『德惟善政，政在养民』的思想，也充分表现了本人随遇而安、与民同乐的旷达情怀。

好的散文应为诗，要创造优美的意境。本文以立意为张本，分别从山与水、官与民、醒与醉等不同的对比中展开描写，在情与景的交融，意与境的相谐中归于全文的主题。本文条理清楚，构思精巧，富于诗情画意；遣词凝练，音节铿锵，富于音乐之美，在中国古代文学作品中不可多得。

古文观止 精注精评

秋声赋（欧阳修）

欧阳子方夜读书，闻有声自西南来者，悚然而听之，曰：『异哉！』初淅沥以萧飒①，忽奔腾而砰湃②；如波涛夜惊，风雨骤至。其触于物也，𫓩𫓩铮铮③，金铁皆鸣；又如赴敌之兵，衔枚④疾走，不闻号令，但闻人马之行声。予谓童子：『此何声也？汝出视之。』童子曰：『星月皎洁，明河⑤在天，四无人声，声在树间。』

予曰：『噫嘻悲哉！此秋声也。胡为乎来哉？盖夫秋之为状⑥也，其色惨淡，烟霏云敛；其容清明，天高日晶⑦；其气栗冽⑧，砭人肌骨；其意萧条，山川寂寥。故其为声也，凄凄切切，呼号奋发。丰草绿缛⑨而争茂，佳木葱茏而可悦。草拂之而色变，木遭之而叶脱。其所以摧败零落者，乃一气⑩之余烈⑪。夫秋，刑官⑫也，于时为阴；又兵象也，于行用金。是谓天地之义气，常以肃杀而为心。天之于物，春生秋实，故其在乐也，商声主西方之音，夷则为七月之律。商，伤也，物既老而悲伤；夷，戮也，物过盛而当杀。

『嗟夫！草木无情，有时飘零。人为动物，惟物之灵。百忧感其心，万事劳其形，有动乎中，必摇其精。而况思其力之所不及，忧其智之所不能，宜其渥然⑬丹者为槁木，黟然⑭黑者为星星⑮。奈何非金石之质，欲与草木而争荣？念谁为之戕贼⑯，亦何恨乎秋声！」

童子莫对，垂头而睡。但闻四壁虫声唧唧，如助余之叹息。

注释

① 初淅沥以萧飒：起初是淅淅沥沥的细雨带着萧飒的风声。

② 砰湃：同「澎湃」，波涛汹涌的声音。

③ 鏦鏦铮铮：金属相击的声音。

④ 衔枚：古时行军或袭击敌军时，让士兵衔枚以防出声。枚，形似竹筷，衔于口中，两端有带，系于脖上。

⑤ 明河：天河。

⑥ 秋之为状：秋天所表现出来的意气容貌。状，情状，指下文所说的「其色」「其容」「其气」「其意」。

⑦ 日晶：日光明亮。晶，明亮。

⑧ 栗冽：寒冷。

⑨ 绿缛：碧绿繁茂。

⑩ 一气：指构成天地万物的浑然之气。

⑪ 余烈：余威。

⑫ 刑官：执掌刑狱的官。

⑬ 渥然：红润的脸色。

⑭ 黟然：形容黑的样子。

⑮ 星星：鬓发花白的样子。

⑯ 戕贼：残害。

点评

作者在进入人生的秋季之后，虽然仕途上已进入顺境，但长期的政治斗争也使他看到了世事的复杂，逐渐淡于名利。所以作者借秋声告诫世人：不必悲秋、恨秋，怨天尤地，而应自我反省。从而抒发了作者难有所为的郁闷心情，以及自我超脱的愿望。

作者以「有声之秋」与「无声之秋」的对比作为基本结构框架，精心布局，文势一气贯串而又曲折变化。从凄切悲凉的秋声起笔，为下文铺写「有声之秋」蓄势；然后由草木经秋而摧败零落，写到因人事忧劳而使身心受到戕残，由自然界转到社会人生，这是「无声之秋」，最后归结出全篇主旨。写景、抒情、记事、议论熔为一炉，骈散结合，铺陈渲染，词采讲究，是宋代文赋的典范。

祭石曼卿文（欧阳修）

维治平四年七月日①，具官欧阳修②，谨遣尚书都省令史③李敭，至于太清④，以清酌庶羞⑤之奠，致祭于亡友曼卿之墓下，而吊之以文。曰：

呜呼曼卿！生而为英，死而为灵⑥。其同乎万物生死，而复归于无物者，暂聚之形⑦；不与万物共尽，而卓然其不朽者，后世之名。此自古圣贤，莫不皆然，而著在简册者⑧，昭如日星。

呜呼曼卿！吾不见子久矣，犹能仿佛⑨子之平生。其轩昂磊落⑩，突兀峥嵘⑪而埋藏于地下者，意其不化为朽壤⑫，而为金玉之精⑬。不然，生长松之千尺，产灵芝而九茎⑭。奈何荒烟野蔓，荆棘纵横；风凄露下，走燐飞萤⑮！但见牧童樵叟⑯，歌吟而上下⑰，与夫惊禽骇兽，悲鸣踯躅而咿嘤⑱。今固如此，更千秋而万岁兮，安知其不穴藏狐貉与鼯鼪⑲？此自古圣贤亦皆然兮，独不见夫累累乎旷野与荒城！

呜呼曼卿！盛衰之理⑳，吾固知其如此，而感念畴昔㉑，悲凉凄怆，不觉临风而陨涕㉒者，有愧夫太上之忘情㉓。尚飨㉔！

注释

① 维治平四年七月日：即一〇六七年七月某日。维，发语词。

② 具官：唐宋以来，官吏在奏疏、函牍及其他应酬文字中，常把应写明的官职爵位，写作具官，表示谦敬。欧阳修写作此文时官衔是观文殿学士刑部尚书亳州军州事。

③ 尚书都省：即尚书省，管理全国行政的官署。令史：管理文书工作的官。

④ 太清：地名，在今河南商丘东南，是石曼卿葬地。

⑤ 清酌庶羞：清酌，祭奠时所用之酒。庶，各种。羞，通「馐」，食品，这指祭品。

⑥ 生而为英，死而为灵：活着的时候是人世间的英杰，死之后化为神灵。英，英雄、英杰。灵，神灵。

⑦ 暂聚之形：指肉体生命。

⑧ 简册：指史籍。

⑨ 仿佛：依稀想见。

⑩ 轩昂磊落：形容石曼卿的不凡气度和高尚人格。

⑪ 突兀峥嵘：高迈挺拔，比喻石曼卿的特出才具。

⑫ 朽壤：腐朽的土壤。

⑬ 精：精华。

⑭ 产灵芝而九茎：灵芝，一种菌类药用植物，古人认为是仙草，九茎一聚者更被当作珍贵祥瑞之物。《汉书·宣帝纪》「金芝九茎，产于涵德殿池中。」而，一作「之」。

⑮ 燐：即磷，一种非金属元素。

⑯ 牧童樵叟：放牧和砍柴之人。

⑰ 上下：来回走动。

⑱ 悲鸣踯躅而咿嘤：这里指野兽来回徘徊，禽鸟悲鸣惊叫。

⑲狐貉与鼯鼪：狐貉，兽名，形似狐狸。鼯，鼠的一种，亦称飞鼠。鼪，黄鼠狼。

⑳盛衰：此指生死。

㉑畴昔：往昔，从前。

㉒陨涕：落泪。

㉓有愧夫太上之忘情：意思是说自己不能像圣人那样忘情。太上，最高，也指圣人。忘情，超脱了人世一切情感。

㉔尚飨：祭文套语，表示希望死者鬼神来享用祭品之意。尚，这里是希望的意思。

点评

本文是作者在政治上屡遭打击，最后虽得清白，但已不愿受官场羁绊，力请外任的时候所作。此时石曼卿已经去世二六年，欧阳修派人到石曼卿墓地悼念他时写了这篇文章，反映出他因政治上失意而引发的感念畴昔的孤独寂寞心情。

祭文开始说明写作祭文的缘起，接下来先是颂扬石曼卿的不同流俗，复又极力形容荒野坟茔的凄凉景象，最后明言作者虽明白人之生死是自然之理，然而追念往昔，仍凄然泪下，不能忘情。篇末以『尚飨』二字作结，哀感怆恻之情，溢于言表。

整篇祭文集描写、议论、抒情于一体，有回想，有感喟，有痛悼，感情低沉回转，作者对亡友的一片挚情笃意，令人动容，从中可见当时文坛巨匠的文字工夫。

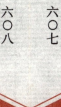

泷冈①阡表②（欧阳修）

呜呼！惟我皇考③崇公④，卜吉⑤于泷冈之六十年，其子修始克⑥表⑦于其阡，非敢缓也，盖有待也。

修不幸，生四岁而孤⑧。太夫人守节自誓⑨；居穷⑩，自力于衣食，以长以教⑪，俾⑫至于成人。太夫人告之曰：汝父为吏廉，而好施与，喜宾客；其俸禄虽薄，常不使有余。曰：『毋以是为我累。』故其亡也，无一瓦之覆，一垅之植，以庇而为生；吾何恃而能自守邪？吾于汝父，知其一二，以有待于汝也。自吾为汝家妇，不及事吾姑⑬，然知汝父之能养⑭也。汝孤而幼，吾不能知汝之必有立，然知汝父之必将有后也。吾之始归⑮也，汝父免于母丧⑯方逾年，岁时祭祀，则必涕泣，曰：『祭而丰，不如养之薄也。』间御⑰酒食，则又涕泣，曰：『昔常不足，而今有余，其何及也！』吾始一二见之，以为新免于丧适然⑱耳。既而其后常然，至其终身，未尝不然。吾虽不及事姑，而以此知汝父之能养也。汝父为吏，尝夜烛治官书⑲，屡废而叹。吾问之，则曰：『此死狱也，我求其生不得⑳尔。』吾曰：『生可求乎？』曰：『求其生而不得，则死者与我皆无恨也；矧㉑求而有得邪，以其有得，则知不求而死者有恨也。夫常求其生，犹失之死，而世常求其死也。』回顾乳者剑㉒汝而立于旁，因指而叹，曰：『术者谓我岁行在戌㉓将死，使其言然，吾不及见儿之立也，后当以我语告之。』其平居教他子弟，常用此语，吾耳熟焉，故能详也。其施于外事，吾不能知；其居于家，无所矜饰，而所为如此，是真发于中者邪！呜呼！其心厚于仁者邪！此吾知汝父之必将有后也。汝其勉之！夫养不必丰，要于孝；利虽不得博于物，要其心之厚于仁。吾不能教汝，此汝父之志也。』修泣而志之，不敢忘。

先公少孤力学，咸平[24]三年进士及第，为道州[25]判官，泗绵二州推官；又为泰州判官。享年五十有九，葬沙溪之泷冈。

太夫人姓郑氏，考[26]讳德仪，世为江南[27]名族。太夫人恭俭仁爱而有礼；初封福昌县太君，进封乐安、安康、彭城三郡太君。自其家少微时，治其家以俭约，其后常不使过之，曰：『吾儿不能苟合于世，俭薄所以居患难也。』其后修贬夷陵[28]，太夫人言笑自若，曰：『汝家故贫贱也，吾处之有素矣。汝能安之，吾亦安矣。』

自先公之亡二十年，修始得禄而养。又十有二年，列官于朝，始得赠封其亲。又十年，修为龙图阁[29]直学士，尚书吏部郎中，留守南京[30]。太夫人以疾终于官舍，享年七十有二。又八年，修以非才入副枢密[31]，遂参政事，又七年而罢。自登二府，天子推恩[32]，褒其三世，盖自嘉祐[33]以来，逢国大庆，必加宠锡。皇曾祖府君累赠金紫光禄大夫、太师、中书令；曾祖妣[34]累封楚国太夫人；皇祖府君累赠金紫光禄大夫、太师、中书令兼尚书令，祖妣累封吴国太夫人。皇考崇公累赠金紫光禄大夫、太师、中书令兼尚书令。皇妣累封越国太夫人。今上[35]初郊[36]，皇考赐爵为崇国公，太夫人进号魏国。

于是小子修泣而言曰：『呜呼！为善无不报，而迟速有时，此理之常也。惟我祖考，积善成德，宜享其隆，虽不克有于其躬，而赐爵受封，显荣褒大，实有三朝[37]之锡命，是足以表见于后世，而庇赖其子孙矣。』

乃列其世谱，具刻于碑，既又载我皇考崇公之遗训，太夫人之所以教，而有待于修者，并揭于阡。俾知夫小子修之德薄能鲜，遭时窃位，而幸全大节，不辱其先者，其来有自。

熙宁[38]三年，岁次庚戌[39]，四月辛酉[40]朔[41]，十有五日乙亥，男推诚、保德、崇仁、翊戴功臣，观文殿学士，特进行兵部尚书，知青州军州事，兼管内劝农使，充京东路安抚使，上柱国，乐安郡开国公，食邑四千三百户，食实封一千二百户，修表。

注释

①泷冈：地名。在江西省永丰县沙溪南凤凰山上。

②阡表：即墓碑。阡，墓道。

③皇考：指亡父。

④崇公：欧阳修的父亲，名观，字仲宾，追封崇国公。

⑤卜吉：指风水先生找到一块好坟地。

⑥克：能够。

⑦表：墓表，是记述死者功德的文体。

⑧孤：古时年幼就死了父亲称孤。

⑨太夫人守节自誓：意思是，郑氏决心守寡，不再嫁人。太夫人，指欧阳修的母亲郑氏。

⑩居穷：家境贫寒。

⑪以长以教：一边抚养（欧阳修）一边教育他。以……以……：一边，一边。表示两个并列。

⑫俾：使达到某种程度。

⑬姑：丈夫的母亲，这里指欧阳修的祖母。

⑭养：奉养，指孝顺父母。

⑮始归：才嫁过来的时候。古时女子出嫁称归。

⑯免于母丧：母亲死后，守丧期满。免，指期满。

⑰御：进用。

⑱适然：偶然这样。

⑲官书：官府的文书。这里指刑狱案件。

⑳求其生不得：指无法免除他的死刑。

㉑矧：况且。

㉒剑：抱。

㉓戌：地支的第十一位，可与天干的甲、丙、戊、庚、壬相配来记年。

㉔咸平：宋真宗年号。

㉕道州：地名，辖境为今天的湖南道县、宁远以南的潇河流域。

㉖考：亡父。

㉗江南：宋时地区划分为路，宋真宗时中国划分为十八路，江南为一路，辖区相当于今天的江西、江苏的长江以南，镇江、大茅山、长荡湖一线以西和安徽长江以南以及湖北阳新、通山等县。

㉘夷陵：县名，今湖北宜昌市东南。

㉙龙图阁：宋真宗建。在会庆殿西偏，北连禁中，阁东曰资政殿、西曰述古殿。

㉚南京：宋时南京为应天府，治所在今河南商丘市。

㉛枢密：枢密使，官名，中国最高军事长官。

㉜推恩：施恩惠于他人。

㉝嘉祐：仁宗年号。

㉞妣：已故母亲。

㉟今上：当今的皇上，指神宗赵顼。

㊱郊：祭天。

㊲三朝：仁宗、英宗、神宗。

㊳熙宁：神宗年号。

㊴庚戌：庚戌年。

㊵辛酉：天干地支所记月份。

㊶朔：初一。

点评

本文避实就虚，巧妙地以其母太夫人郑氏之口，从侧面落笔来写父亲，这样既表现了父亲的孝顺、仁厚，同时又颂扬了母亲的贤良与志节。在选材上，看似都是些琐事琐谈，而且不事描绘，而实际上却句句入情，经过了严格的选择。文中关于父母所受的封号的详举，以及落款对自己官职爵位的详列，也都无一闲笔，无不成为其父母德行所感善报的证明。

本文与韩愈的《祭十二郎文》、袁枚的《祭妹文》并称为中国古代三大祭文，为后世散文开拓了更为广泛、更富文学价值的领域。

管仲①论（苏洵）

管仲相威公②，霸诸侯，攘夷狄，终其身齐国富强，诸侯不敢叛。管仲死，竖刁、易牙、开方③用④，威公薨⑤于乱，五公子⑥争立，其祸蔓延，讫简公⑦，齐无宁岁。

夫功之成，非成于成之日，盖必有所由起；祸之作，不作于作之日，亦必有所由兆⑧。故齐之治也，吾不曰管仲，而曰鲍叔⑨；及其乱也，吾不曰竖刁、易牙、开方，而曰管仲。何则？竖刁、易牙、开方三子，彼固乱人国者，顾⑩其用之者，威公也。夫有舜而后知放四凶⑪，有仲尼而后知去少正卯。彼威公何人也？顾其使威公得用三子者，管仲也。仲之疾也，公问之相。当是时也，吾意以仲且举天下之贤者以对。而其言乃不过曰：竖刁、易牙、开方三子，非人情，不可近而已。

呜呼！仲以为威公果能不用三子矣乎？仲与威公处几年矣，亦知威公之为人矣乎？威公声不绝于耳，色不绝于目，而非三子者则无以遂其欲。彼其初之所以不用者，徒以有仲焉耳。一日无仲，则三子者可以弹冠而相庆矣。仲以为将死之言可以絷威公之手足耶？夫齐国不患有三子，而患无仲。有仲，则三子者，三匹夫耳。不然，天下岂少三子之徒哉？虽威公幸而听仲，诛⑫此三人，而其余者，仲能悉数而去之耶？呜呼！仲可谓不知本者矣。因威公之问，举天下之贤者以自代，则仲虽死，而齐国未为无仲也。夫何患三子者？不言可也。

五伯莫盛于威、文，文公之才，不过威公，其臣又皆不及仲；灵公之虐，不如孝公之宽厚。文公死，诸侯不敢叛晋，晋袭文公之余威，犹得为诸侯之盟主百余年。何者？其君虽不肖，而尚有老成人焉。威公之薨也，一乱涂地，无惑也，彼独恃一管仲，而仲则死矣。

夫天下未尝无贤者，盖有有臣而无君者矣。威公在焉，而曰天下不复有管仲者，吾不信也。仲之书，有记其将死论鲍叔、宾胥无之为人，且各疏其短。是其心以为数子者皆不足以托国。而又逆知其将死，则其书诞漫不足信也。吾观史鰌，以不能进蘧伯玉，而退弥子瑕，故有身后之谏。萧何且死，举曹参以自代。大臣之用心，固宜如此也。夫国以一人兴，以一人亡。贤者不悲其身之死，而忧其国之衰，故必复有贤者，而后可以死。彼管仲者，何以死哉？

注释

①管仲：名夷吾，又名敬仲，字仲，谥号敬，（约前七二三年或前七一六年—前六四五年）汉族，齐国颍上（今安徽颍上）人。

②威公：即齐桓公。因避钦宗（赵桓讳），改为威公。

③竖刁、易牙、开方：齐桓公宠幸的三个近臣。

④用：当权。

⑤薨：周代称诸侯死。

⑥五公子：指桓公的五个儿子，即公子武孟、公子昭（后立为孝公）、公子潘、公子商人、公子元。

⑦简公：齐简公，名壬，前四八四年至前四八一年在位，为左相田常所杀。

⑧兆：征候，迹象。

⑨鲍叔：姓鲍名叔牙，史称鲍叔。春秋时期齐国的著名大夫。

⑩顾：但。

⑪四凶：旧传共工（古代的世族官）、驩兜（人名）、三苗（古族名，这里指其族首领）、鲧（人名）为尧时的四凶。

⑫诛：杀。

点评

本文力图从一个全新的视角审视历史名人管仲。作者从『夫功之成，非成于成之日，盖必有所由起；祸之作，不作于作之日，亦必有所由兆』立论，指出由于管仲在病危之际，仅仅指出『竖刁、易牙、开方三人非人情，不可近』，却没有举贤者以自代，以至管仲死后，此三人弹冠相庆，粉墨登场，使齐国处于动乱之中。这个历史教训无疑是非常深刻的，但作者的本意并非削弱管仲的历史功绩和历史地位，只不过要强调辅弼之臣当伯乐举贤的重要性罢了。元人朱夏说：『老苏之文，顿挫曲折，苍然郁然，砏刻削厉，几不可与争锋，然而有识之士，犹有讥焉者，良以其立论之驳，而不能尽合乎圣人之道也。』细读本文，的确如此。

辨奸论（苏洵）

事有必至，理有固然。惟天下之静者①，乃能见微而知著。月晕而风，础润而雨，人人知之。人事之推移，理势之相因，其疏阔而难知，变化而不可测者，孰与天地阴阳之事②？而贤者③有不知，其故何也？好恶乱其中，而利害夺其外也！

昔者，山巨源④见王衍⑤曰：『误天下苍生者，必此人也！』郭汾阳⑥见卢杞⑦曰：『此人得志，吾子孙无遗类矣！』自今而言之，其理固有可见者。以吾观之，王衍之为人，容貌言语，固有以欺世而盗名者。然不忮⑧不求，与物浮沉。使晋无惠帝⑨，仅得中主，虽衍百千，何从而乱天下乎？卢杞之奸，固足以败国。然而不学无文，容貌不足以动人，言语不足以眩⑩世，非德宗⑪之鄙暗，亦何从而用之？由是言之，二公之料二子，亦容有未必然也！

今有人，口诵孔、老之言，身履夷、齐之行，收召好名之士、不得志之人，相与造作言语，私立名字，以为颜渊、孟轲复出，而阴贼险狠，与人异趣。是王衍、卢杞合而为一人也，其祸岂可胜言哉？夫面垢不忘洗，衣垢不忘浣，此人之至情也。今也不然，衣臣虏之衣，食犬彘之食，囚首丧面而谈诗书，此岂其情也哉？凡事之不近人情者，鲜不为大奸慝⑫，竖刁、易牙、开方是也。以盖世之名，而济其未形之患。虽有愿治之主，好贤之相，犹将举而用之。则其为天下患，必然而无疑者，非特二子之比也。

孙子曰："善用兵者，无赫赫之功。"使斯人而不用也，则吾言为过，而斯人有不遇之叹。孰知祸之至于此哉？不然，天下将被其祸，而吾获知言之名，悲夫！

注释

① 静者：指能够冷静地观察周围事物而做出合理结论的贤人。
② 天地阴阳之事：指自然现象。
③ 贤者：旧说以为是影射欧阳修。
④ 山巨源：山涛，字巨源，晋初人，任吏部尚书，为当时的"竹林七贤"之一。
⑤ 王衍：字夷甫，晋初人，任尚书令、太尉。
⑥ 郭汾阳：即郭子仪，唐华州（今属陕西）人，累官至太尉、中书令，后平定安史之乱，被封为汾阳郡王。
⑦ 卢杞：字子良，唐滑州（今河南滑县一带）人，唐德宗时任宰相。后被贬职死于外地。
⑧ 忮：嫉恨。
⑨ 惠帝：晋惠帝，晋开国君主司马炎之子，以痴呆闻名。
⑩ 眩：通"炫"，惑乱。
⑪ 德宗：唐德宗，唐代晚期的庸君，他削去郭子仪的兵权，重用卢杞，导致朝政紊乱。
⑫ 慝：恶。

点评

本文所辨的奸，前人认为指王安石，究竟是否，没有必要进行繁琐考证。

本文突出的成功之处在于谋篇。文章开始先将天象和人事进行比较，指出了人事比天象更难掌握，并说明这是由于"好恶"和"利害"所造成的必然结果。又通过历史上山涛、郭子仪对王衍、卢杞的评论，说明了山、郭二人的评论虽有一定道理，但也有所疏漏，这就为下文的"今有人"起了铺垫作用。第三段是作者倾注全力发泄的部分，将"今有人"的种种表现尽情地加以刻画，一气呵成，有如飞瀑狂泻，其笔锋之犀利，论证之严谨，不能不令人叹为观止。而在结尾处，作者又留有余地地提出两种可能出现的情况，这就使人既能感到他内心郁积的巨大悲哀和愤懑，也能感到作者所持态度之公允。

心术[1]（苏洵）

为将之道，当先治心[2]。泰山崩于前而色不变，麋[3]鹿兴[4]于左[5]而目不瞬[6]，然后[7]可以制利害[8]，可以待敌[9]。

凡兵[10]上义[11]；不义，虽利勿动。非一动之为利害[12]，而他日[13]将有所不可措[14]手足也。夫惟义可以怒士[15]，士以义怒，可与百战[16]。

凡战之道，未战养其财[17]，将战养其力，既战养其气，既胜养其心。谨烽燧[18]，严斥堠[19]，使耕者无所顾忌，所以养其财；丰犒而优游[20]之，所以养其力；小胜益急，小挫[21]益厉[22]，所以养其气；用人不尽其所欲为[23]，所以养其心。故士常蓄其怒、怀其欲而不尽。怒不尽则有余勇，欲不尽则有余贪[24]。故虽并天下[25]，而士不厌兵[26]，此黄帝[27]之所以七十战而兵不殆[28]也。不养其心，一战而胜，不可用矣。

凡将欲智而严[29]，凡士欲[30]愚。智则不可测，严则不可犯，故士皆委己[31]而听命，夫安得不愚？夫惟[32]士愚，而后可与之皆死。

凡兵之动[33]，知敌之主[34]，知敌之将[35]，而后可以动于险[36]。邓艾缒兵于蜀中[37]，非刘禅[38]之庸，则百万之师可以坐缚[39]，彼[40]固[41]有所侮[42]而动也。故古之贤将，能以兵尝敌[43]，而又以敌自尝[44]，故去就[45]可以决。

凡主将之道，知理[46]而后可以举兵，知势而后可以加兵，知节而后可以用兵。知理则不屈[47]，知势则不沮，知节[48]则不穷。见小利不动，见小患不避，小利小患，不足以辱吾技[49]也，夫然后有[50]以支[51]大利大患。夫惟养技而自爱者，无敌于天下。故一忍可以支百勇，一静可以制百动。

兵有长短[52]，敌我一也。敢问：『吾之所长，吾出而用之，彼将不与吾校[53]；吾之所短，吾蔽而置[54]之，彼将强[55]与吾角[56]，奈何？』曰：『吾之所短，吾抗[57]而暴[58]之，使之疑而却；吾之所长，吾阴[59]而养之，使之狎而堕其中[60]。此用长短之术也。』

善用兵者，使之无所顾，有所恃[61]。无所顾，则知死之不足惜；有所恃，则知不至于必败。尺箠[62]当猛虎，奋呼而操击[63]；徒手遇蜥蜴[64]，变色而却步，人之情也。知此者，可以将[65]矣。袒[66]裼[67]而案[68]剑，则乌获[69]不敢逼；冠胄衣甲[70]，据兵[71]而寝，则童子弯弓杀之矣。故善用兵者以形固[72]。夫能以形固，则力有余矣。

注释

① 心术：心计、计谋。这里是将略的意思。术，方法。

② 治心：指锻炼培养军事上的胆略、意志和吃苦的精神等。治，研究。这里指锻炼。

③ 麋：麋鹿。鹿类的一种。

④兴：起，这里是突然出现的意思。

⑤于左：从旁边。左，周围，附近。

⑥瞬：眨眼。

⑦然后：这样才。

⑧制利害：控制利害得失。制，控，掌握。

⑨待敌：对付敌人。待，对付，对待。

⑩兵：军事，战争。

⑪上义：崇尚正义。上，通「尚」，崇尚。

⑫利害：原选本作「利害」，「四部丛刊」本《嘉佑集》无「利」字。

⑬他日：别的日子，将来。

⑭措：安放。

⑮怒士：激励士兵。怒，激励。

⑯百战：多次作战。

⑰养其财：积聚军用的物资。养，积蓄。财，物资。

⑱谨烽燧：慎重地搞好警报工作。烽燧，烽火和烽烟，古代边防报警的两种信号。

⑲严斥堠：严格地作好放哨、瞭望工作。斥堠，古代用来瞭望敌情的土堡，这里指侦察、候望。堠，也写作「候」。

⑳优游：闲暇自得的样子。

㉑挫：挫折，这里指打了败仗。

㉒厉：通「励」，勉励，激励。

㉓「用人」一句：用人时不要一下子满足他们所有的欲望。所欲为，要求的、追求的，即欲望、愿望。

㉔贪：贪图实现尚未达到的欲望。

㉕并天下：兼并天下。并，兼并，合并。

㉖厌兵：厌恶打仗。

㉗黄帝：传说中我国中原各族的共同祖先。

㉘殆：通「怠」，懈怠。

㉙智而严：机智而且威严。智，有智慧。严，有威严。

㉚欲：应该。

㉛委己：委屈自己。委，委屈。

㉜惟：同「唯」。正因为，只因为。

㉝动：进攻，出击。

㉞主：主帅，首脑。

㉟将：将官。

㊱动于险：在险地进攻。险，用作名词险地。

㊲邓艾缒兵于蜀中：邓艾，三国时魏国的将领，魏元帝景元四年（二六三年），他率兵从一条艰险的山路进攻蜀汉，山高谷深，士兵都用绳子系着放下山去，邓艾自己也用毡布裹着身体，滑下山去。缒，系在绳子上放下去。

㊳刘禅：三国时蜀后主，小名阿斗，刘备之子，二二三年至二六三年在位。

㊴坐缚：意思是极容易俘获。

㊵彼：指邓艾。

㊶固：本来。

㊷侮：轻视、轻侮。

㊸尝敌：试探敌人的情况。尝，尝试，试探。

㊹以敌自尝：利用敌人的军事行动，来发现自己军队的问题。

㊺去就：撤退或进攻。去，离开，撤退。就，接近。这里是进攻、出击的意思。

㊻理：特殊规律。这里指战争的特殊规律，以及指导战争应遵循的基本原理。

㊼屈：弯曲，曲折。这里是走弯路的意思。

㊽节：节制。

㊾不足以辱吾技：不值得白费了我的本领。辱，屈辱、埋没。技，技能，本领。

㊿有：一作『可』。

(51)支：经得起，对付得了。

(52)长短：长处和短处。

(53)校：较量。

(54)置：放到一边，放弃不用。

(55)强：使用强力，强迫。

(56)角：角斗，竞争。

(57)抗：高，引申为突出地。

(58)暴：显露。

(59)阴：暗中，暗地里。

(60)狎而堕其中：落进我们设置的圈套中。狎，轻忽。堕，落，掉下来。

(61)恃：依靠。

(62)尺箠：一尺来长的短木棍。

(63)操击：即『操之以击』，拿起来击打。

(64)蜥蜴：一种爬行动物，形似壁虎，俗称『四脚蛇』。

(65)将：带兵。

(66)袒：脱去上衣的一只袖子，露出手臂。

(67)裼：脱去上衣露出内衣或身体。

(68)案：通『按』。

(69)乌获：战国时秦国的大力士，相传能力举千钧。

(70)冠胄衣甲：戴着头盔，穿着铠甲。胄，盔。冠、衣，都用作动词。

(71)据兵：靠着兵器。

(72)以形固：指利用各种有利形势来巩固自己。以，凭借，利用。形，各种有利的形式和条件。固，巩固。

点评

本文旨在论述将领的心理修养和制下待敌之道，以及运思、机权之术。首先论『将』，认为『为将之道，当先治心』，以求『泰山崩于前而色不变，麋鹿兴于左而目不瞬』的大将风度，这样才能把握利害得失而抵御敌人。其次论『兵』，认为军人要崇尚正义，只有依义而行，才能尽天下之大利。再次论『战』，主张『未战养其财，将战养其力，既战养其气，既胜养其心』，而以养心为最要。

张益州①画像记（苏洵）

至和元年秋，蜀人传言②有寇至边，边军夜呼，野无居人，谣言流闻，京师震惊。方命择帅，天子曰：『毋养乱，毋助变。众言朋兴，朕志自定。外乱不作，变且中起，不可以文令，又不可以武竞，惟朕一二大吏。孰为能处兹文武之间，其命往抚朕师？』乃推曰：张公方平其人。天子曰：『然。』公以亲辞③，不可，遂行。

冬十一月至蜀，至之日，归屯军，撤守备，使谓郡县：『寇来在吾，无尔劳苦。』明年正月朔旦，蜀人相庆如他日，遂以无事。又明年正月，相告留公像于净众寺，公不能禁。

眉阳苏洵言于众曰：『未乱，易治也；既乱，易治也；有乱之萌，无乱之形，是谓将乱，将乱难治，不可以有乱急，亦不可以无乱弛。惟是元年之秋，如器之攲④，未坠于地。惟尔张公，安坐于其旁，颜色不变，徐起而正之。既正，油然⑤而退，无矜容。为天子牧小民不倦，惟尔张公。尔繄⑥以生，惟尔父母。且公尝为我言「民无常性，惟上所待。人皆曰蜀人多变，于是待之以待盗贼之意，而绳之以绳盗贼之法。重足屏息之民，而以碪斧令。于是民始忍以其父母妻子之所仰赖之身，而弃之于盗贼，故每每大乱。夫约之以礼，驱之以法，惟蜀人为易。至于急之而生变，虽齐、鲁亦然。吾以齐、鲁待蜀人，而蜀人亦自以齐、鲁之人待其身。若夫肆意于法律之外，以威劫齐民，吾不忍为也。」呜呼！爱蜀人之深，待蜀人之厚，自公而前，吾未始见也。』皆再拜稽首曰：『然。』

苏洵又曰：『公之恩在尔心，尔死在尔子孙，其功业在史官，无以像为也。且公意不欲，如何？』皆曰：『公则何事于斯？虽然，于我心有不释焉。今夫平居闻一善，必问其人之姓名与其邻里之所在，以至于其长短大小美恶之状，甚者或诘其平生所嗜好，以想见其为人。而史官亦书之于其传，意使天下之人，思之于心，则存之于目；存之于目，故其思之于心也固。由此观之，像亦不为无助。』苏洵无以诘，遂为之记。

公，南京人，为人慷慨有大节，以度量雄天下。天下有大事，公可属⑦。系之以诗曰：天子在祚，岁在甲午。西人传言，有寇在垣。庭有武臣，谋夫如云。天子曰嘻，命我张公。公来自东，旗纛舒舒。西人聚观，于巷于涂。谓公暨暨⑧，公来于于⑨。公谓西人『安尔室家，无敢或讹。讹言不祥，往即尔常。春尔条⑩桑，秋尔涤场。』西人稽首，公我父兄。公在西囿，草木骈骈⑪。公宴其僚，伐鼓渊渊⑫。西人来观，祝公万年。有女娟娟⑬，闺闼闲闲⑭。有童哇哇⑮，亦既能言。昔公未来，期汝弃捐。禾麻芃芃⑯，仓庾崇崇⑰。嗟我妇子，乐此岁丰。公在朝廷，天子股肱。天子曰归，公敢不承？作堂严严，有庑有庭。公像在中，朝服冠缨。西人相告，无敢逸荒。公归京师，公像在堂。

注释

①张益州：宋朝南京人，字安道，官益州刺史。

②传言：相互谣传。

③以亲辞：用养老的理由推辞官职。

④攲：倾斜。

⑤油然：谦和谨慎的样子。

⑥繄：是的意思，为助词。

⑦属：有所托付。

⑧暨暨：果敢的样子。

⑨于于：自足的样子。

⑩条：修理。

⑪骈骈：茂盛的样子。

⑫渊渊：象声词，敲鼓的声音。

⑬娟娟：美好。

⑭闲闲：悠闲的样子。

⑮哇哇：孩子的哭声。

⑯芃芃：美貌盛。

⑰崇崇：高峻的样子。

点评

本文记叙张方平治理益州的事迹，着重表现张方平宽政爱民的思想和处理复杂事变的雄才大略。文章从蜀地有寇到来，边军夜呼，京师震惊，天子要求选一个文武全才的人为帅落笔，先声夺人。再写张方平一到蜀地，就全面负起责任，以仁政管理和保护百姓，使当地百姓安居乐业，再没有受到任何扰乱，以至在他离开的时候，百姓们纷纷要求为他画像奉祀。作者作为当事人所发的大段议论和结尾处的诗，对塑造人物、深化主题、抒发感情起了重要作用。作者的抒情散文数量不多，但其中多优秀的篇章，本文就是其中重要一篇。

刑赏忠厚之至论（苏轼）

尧、舜、禹、汤、文、武、成、康之际，何其爱民之深，忧民之切，而待天下以君子长者之道也。有一善，从而赏之，又从而咏歌嗟叹之，所以乐其始而勉其终。有一不善，从而罚之，又从而哀矜惩创之，所以弃其旧而开其新。故其吁俞①之声，欢休②惨戚③，见于虞、夏、商、周之书。成、康既没，穆王立，而周道始衰，然犹命其臣吕侯④，而告之以祥刑⑤。其言忧而不伤，威而不怒，慈爱而能断，恻然有哀怜无辜之心，故孔子犹有取焉。《传》曰：「赏疑从与⑥，所以广恩也；罚疑从去⑦，所以慎刑也。」

当尧之时，皋陶为士⑧。将杀人，皋陶曰「杀之」三，尧曰「宥之」三。故天下畏皋陶执法之坚，而乐尧用刑之宽。四岳⑨曰「鲧⑩可用」，尧曰「不可，鲧方命⑪圮族⑫」，既而曰「试之」。何尧之不听皋陶之杀人，而从四岳之用鲧也？然则圣人之意，盖亦可见矣。《书》曰：「罪疑惟轻，功疑惟重。与其杀不辜，宁失不经。」呜呼！尽之矣。

可以赏，可以无赏，赏之过乎仁；可以罚，可以无罚，罚之过乎义。过乎仁，不失为君子；过乎义，则流而入于忍人⑬。故仁可过也，义不可过也。古者赏不以爵禄，刑不以刀锯。赏之以爵禄，是赏之道行于爵禄之所加，而不行于爵禄之所不加也。刑之以刀锯，是刑之威施于刀锯之所及，而不施于刀锯之所不及也。先王知天下之善不胜赏，而爵禄不足以劝也；知天下之恶不胜刑，而刀锯不足以裁也。是故疑则举而归之于仁，以君子长者之道待天下，使天下相率而归于君子长者之道。故曰：忠厚之至也。

《诗》曰：「君子如祉⑭，乱庶遄⑮已。君子如怒，乱庶遄沮⑯。」夫君子之已乱，岂有异术哉？时其喜怒，而无失乎仁而已矣。《春秋》之义，立法贵严，而责人贵宽。因其褒贬之义，以制赏罚，亦忠厚之至也。

注释

①吁俞：吁，疑怪声；俞，应词。

②欢休：和善。

③惨戚：悲哀。

④吕侯：人名，一作甫侯，周穆王之臣，为司寇。

⑤祥刑：刑而谓之祥者，即刑期无刑之意，故其祥莫大焉。
⑥赏疑从与：言与赏而疑，则宁可与之。
⑦罚疑从去：言当罚而疑，则宁可去之。
⑧士：狱官。
⑨四岳：唐尧之臣，羲和之四子，分掌四方之诸侯。一说为一人名。
⑩鲧：传说大禹之父，四凶之一。
⑪方命：逆名。
⑫圮族：犹言败类。
⑬忍人：谓性情狠戾之人。
⑭祉：犹喜。
⑮遄：速。
⑯沮：止。

点评

本文是苏轼于宋嘉祐二年参加礼部进士考试时的策论考卷，而且是一个看上去很枯燥很陌生的试题，但是作者却用区区六百字，就把『法』的两个方面，宽容与界限，『仁可过，义不可过』说得那么深刻、清楚、有声有色，好像早就成竹在胸，完全没有一般试卷的战战兢兢地揣摩、谄媚、讨好之相，就是在平常时刻，风清月白，灵思忽至所得之文，也不过如此。如果不说是策论，读者是想不到它只是一纸试卷的。

此文唯一的缺点，是杜撰了皋陶曰『杀之』三，尧曰『宥之』三这个典故。当主考官欧阳修问其出处，苏轼还答『何须出处』，幸而主考官欧阳修宽宏大度，仍然把此文列为上等。

范增论（苏轼）

汉用陈平计，间疏楚君臣，项羽疑范增与汉有私，稍夺其权。增大怒曰：『天下事大定矣，君王自为之，愿赐骸骨，归卒伍。』未至彭城，疽发背，死。

苏子曰：『增之去，善矣。不去，羽必杀增，独恨其不早耳。』然则当以何事去？增劝羽杀沛公，羽不听，终以此失天下，当于是去耶？曰：『否。增之欲杀沛公，人臣之分也；羽之不杀，犹有君人之度也。增曷为以此去哉？《易》曰：「知几①其神乎！」《诗》曰：「如彼雨雪，先集为霰。」增之去，当于羽杀卿子冠军②时也。』

陈涉之得民也，以项燕、扶苏。项氏之兴也，以立楚怀王孙心③；而诸侯之叛之也，以弑义帝。且义帝之立，增为谋主矣。义帝之存亡，岂独为楚之盛衰，亦增之所与同祸福也，未有义帝亡而增独能久存者也。羽之杀卿子冠军也，是弑义帝之兆也。其弑④义帝，则疑增之本也，岂必待陈平哉！物必先腐也，而后虫生之；人必先疑也，而后谗人之。陈平虽智，安能间[5]无疑之主哉！

吾尝论义帝，天下之贤主也。独遣沛公入关，不遣项羽；识卿子冠军于稠人之中，而擢以为上将，不贤而能如是乎？羽既矫杀卿子冠军，义帝必不能堪，非羽弑帝，则帝杀羽，不待智者而后知也。增始劝项梁立义帝，诸侯以此服从。中道而弑之，非增之意也。夫岂独非其意，将必力争而不听也。不用其言，而杀其所立，羽之疑增必自此始矣。

方羽杀卿子冠军，增与羽比肩而事义帝，君臣之分未定也。为增计者，力能诛羽则诛之，不能则去之，岂不毅然大丈夫也哉？增年已七十，合则留，不合则去，不以此时明去就之分，而欲依羽以成功名，陋矣！虽然，增，高帝之所畏也；增不去，项羽不亡。亦人杰也哉！

注释

①几：事物发生变化的细微迹象。

②卿子冠军：指宋义。

③楚怀王孙心：即楚怀王的孙子熊心，项梁拥立他为王，仍称怀王。

④弑：古时指臣杀君、子杀父母。

⑤间：离间。

点评

本文是苏轼早期的史论。作者当时阅历不深，所以其中提出了范增应该何时离开项羽、杀死项羽之类不切实际的书生之见。但文章立意不落俗套，能翻新出奇，随机生发，极尽回环变换的姿态。在写作技巧上，从一点展开，多方证明，反复推测设想，层层深入，逻辑严密，对后世文章影响很大，所以也很值得学习。

留侯[1]论（苏轼）

古之所谓豪杰之士者，必有过人之节[2]。人情有所不能忍者[3]，匹夫见[4]辱，拔剑而起，挺身而斗，此不足为勇也。天下有大勇者，卒[5]然临[6]之而不惊，无故加[7]之而不怒。此其所挟持者[8]甚大，而其志甚远也。

夫子房受书于圯[9]上之老人也，其事甚怪；然亦安知其非秦之世，有隐君子者[10]出而试之。观其所以微见其意者，皆圣贤相与警戒之义；而世不察，以为鬼物，亦已过矣。且其意不在书。

当韩之亡，秦之方盛也，以刀锯鼎镬[11]待天下之士。其平居[12]无罪夷灭者，不可胜数。虽有贲、育[13]，无所获施。夫持法太急者，其锋不可犯，而其末可乘。子房不忍忿忿之心，以匹夫之力而逞于一击之间；当此之时，子房之不死者，其间不能容发，盖亦已危矣。

千金之子，不死于盗贼，何者？其身之可爱，而盗贼之不足以死也。子房以盖世之才，不为伊尹、太公之谋⑭，而特出于荆轲、聂政之计，以侥幸于不死，此圯上老人所为深惜者也。是故倨傲鲜腆而深折之。彼其能有所忍也，然后可以就大事，故曰：『孺子可教也。』

楚庄王伐郑，郑伯肉袒牵羊以迎；庄王曰：『其君能下人，必能信用其民矣。』遂舍之。勾践之困于会稽，而归臣妾于吴者，三年而不倦。且夫有报人之志，而不能下人者，是匹夫之刚也。夫老人者，以为子房才有余，而忧其度量之不足，故深折其少年刚锐之气，使之忍小忿而就大谋。何则？非有生平之素，卒然相遇于草野之间，而命以仆妾之役，油然而不怪者，此固秦皇之所不能惊，而项籍之所不能怒也。

观夫高祖之所以胜，而项籍之所以败者，在能忍与不能忍之间而已矣。项籍唯不能忍，是以百战百胜而轻用其锋；高祖忍之，养其全锋而待其敝，此子房教之也。当淮阴破齐而欲自王，高祖发怒，见于词色。由此观之，犹有刚强不忍之气，非子房其谁全之？

太史公疑子房以为魁梧奇伟，而其状貌乃如妇人女子，不称其志气。呜呼！此其所以为子房欤！

注释

①留侯：即张良，字子房，他是『汉初三杰』之一，辅刘邦定天下，封为留侯。

②节：操守。

③人情有所不能忍者：常人在情感上总有不能忍耐的时候。

④见：被。

⑤卒：同『猝』，突然，仓猝。

⑥临：逼近。

⑦加：侵凌。

⑧挟持者：指怀抱的理想。

⑨圯：桥。

⑩隐君子者：隐居逃避尘世的人。

⑪刀锯鼎镬：四者皆古代刑具。借指酷刑。

⑫平居：平日。

⑬贲、育：战国时勇士。周代时著名勇士。

⑭伊尹、太公之谋：用智慧化解危机的谋略。伊尹，商之贤相，名挚。太公，姓姜，名尚，字子牙，周文王时太师。

点评

该文为作者答御试策而写的一批论策中的一篇。文中根据《史记·留侯世家》所记张良圯下受书及辅佐刘邦统一天下的事例，论证了『忍小忿而就大谋』、『养其全锋而待其敝』的策略的重要性。

为使论点具有说服力，作者广征史实，对圯上老人遗书的故事进行了重新解释，用郑伯、勾践、项羽、刘邦等正反两方面的典型，特别是楚汉战争中张良之能忍的决定性作用，层层递进地加以论证。文笔纵横捭阖，极尽曲折变化之妙，行文雄辩而富有气势，体现了苏轼史论汪洋恣肆的风格。结尾以揣度作结，谓子房的状貌也表现出能忍的特征，思致新颖，风调翩翩，余味不尽。

贾谊论（苏轼）

非才之难，所以自用者实难。惜乎！贾生，王者之佐，而不能自用其才也。

夫君子之所取者远，则必有所待；所就者大，则必有所忍。古之贤人，皆负可致之才①，而卒不能行其万一者，未必皆其时君之罪，或者其自取也。愚观贾生之论，如其所言，虽三代何以远过？得君如汉文，犹且②以不用死。然则是天下无尧、舜，终不可有所为耶？仲尼圣人，历试于天下，苟非大无道之国，皆欲勉强扶持，庶几③一日得行其道。将之荆，先之以冉有，申之以子夏。君子之欲得其君，如此其勤也。孟子去齐，三宿而后出昼，犹曰：『王其庶几召我。』君子之不忍弃其君，如此其厚也。公孙丑问曰：『夫子何为不豫④？』孟子曰：『方今天下，舍我其谁哉？而吾何为不豫？』君子之爱其身，如此其至也。夫如此而不用，然后知天下果不足与有为，而可以无憾矣。若贾生者，非汉文之不能用生，生之不能用汉文也。

夫绛侯亲握天子玺⑤而授之文帝，灌婴连兵数十万，以决刘、吕之雌雄，又皆高帝之旧将，此其君臣相得之分，岂特父子骨肉手足哉？贾生，洛阳之少年。欲使其一朝之间，尽弃其旧而谋其新，亦已难矣。为贾生者，上得其君，下得其大臣，如绛、灌之属，优游浸渍而深交之，使天子不疑，大臣不忌，然后举天下而唯吾之所欲为，不过十年，可以得志。安有立谈之间，而遽为人『痛哭』哉！观其过湘为赋以吊屈原，萦纡郁闷，趯然⑥有远举之志。其后以自伤哭泣，至于夭绝。是亦不善处穷者也。夫谋之一不见用，则安知终不复用也？不知默默以待其变，而自残至此。呜呼！贾生志大而量小，才有余而识不足也。

古之人，有高世之才，必有遗俗之累。是故非聪明睿智不惑之主，则不能全其用。古今称苻坚得王猛于草茅之中，一朝尽斥去其旧臣，而与之谋。彼其匹夫略有天下之半，其以此哉！愚深悲生之志，故备论之。亦使人君得如贾生之臣，则知其有狷介之操⑦，一不见用，则忧伤病沮，不能复振。而为贾生者，亦谨其所发哉！

注释

①可致之才：可以为君主所招致而任用的才能。

②犹且：尚且。

③庶几：差不多。

④豫：快乐。

⑤天子玺：天子印。

⑥趯然：跳跃貌。

⑦狷介之操：耿介有所为的操守。

点评

贾谊是位富有才华和革新精神的政治家。由于他向汉文帝提出一系列建议，有损当时绛侯和灌婴等功臣的利益，因而遭到排挤，政治道路坎坷，最后抑郁而死。

本文用孔孟等圣人的行事与贾谊作对比，将贾谊不得汉文帝重用归结为不能有所待、有所忍；又从贾谊所处政治环境出发，说明汉文帝不用贾谊的客观原因，是由于贾谊不能自用其才，不能同皇帝、大臣搞好关系所造成的。作者为他设想应有的忍耐和圆融的做法，批评他『志大而量小，才有余而识不足』，并对君主与贤人双方提出了自己的期许。

文章能开能合，气势俊逸奔放，对贾谊的人格特质分析得非常深入，对当时的历史背景的剖析也令人信服。虽只有短短篇幅，但言简意赅，分析透彻，鞭辟入里，显示了青年苏轼杰出的文学才华。

晁错①论（苏轼）

天下之患②，最不可为③者，名为治平④无事，而其实有不测之忧。坐观其⑤变，而不为之所⑥，则恐至于不可救；起而强为之，则天下狃⑦于治平之安而不吾信⑧。惟⑨仁人君子豪杰之士，为能出身⑩为天下犯⑪大难，以⑫求成大功；此固⑬非勉强期月⑭之间，而苟以求名之所能也。天下治平，无故而发大难之端⑮；吾发⑯之，吾能收⑰之，然后有辞于天下。事至而循循焉⑱欲去⑲之，使他人任其责，则天下之祸，必集于我。

昔者晁错尽忠为汉⑳，谋弱山东㉑之诸侯，山东诸侯并起㉒，以诛错为名；而天子不以察，以错为之说㉓。天下悲错之以忠而受祸，不知错有以取之也㉔。

古之立大事者，不惟有超世之才，亦必有坚忍不拔之志㉕。昔禹之㉖治水，凿龙门㉗，决大河㉘而放之海。方㉙其功之未成也，盖亦有溃冒冲突可畏之患㉚；惟能前知其当然，事至不惧，而徐为之图，是以㉛得至于成功。

夫㉜以七国之强，而骤㉝削之，其为变，岂足怪哉㉞？错不于此时捐其身，为天下当大难之冲，而制吴楚之命，乃㉟为自全之计，欲使天子自将而己居守㊱。且夫发七国之难者，谁乎？己欲求其名，安所逃其患㊲。以自将之至危，与居守至安，己为难首，择其至安，而遗天子以其至危，此忠臣义士所以愤怨而不平者也㊳。当此之时，虽㊴无袁盎，亦未免于祸。何者㊵？己欲居守，而使人主自将。以情而言㊶，天子固已难之矣，而重违其议㊷。是以袁盎之说，得行于其间。使㊸吴楚反，错已身任其危，日夜淬砺㊹，东向而待之，使不至于累其君，则天子将恃之以为无恐，虽有百盎，可得而间哉㊺？

嗟夫㊻！世之君子，欲求非常之功，则无务为自全之计㊼。使错自将而讨吴楚，未必无功，惟其欲自固其身，而天子不悦。奸臣得以乘其隙㊽，错之所以自全者，乃其所以自祸欤㊾！

注释

①晁错：前二〇〇—前一五四，颍川（今河南禹州）人，是西汉文帝时的智囊人物。汉景帝四年（前一五四年），吴、楚等七国以『讨晁错以清君侧』为名，发动叛乱，晁错因此被杀。

②患：祸患。

③为：治理，消除。

④治平：政治清明，社会安定。

⑤其：代词，指祸患。

⑥所：处所。这里指解决问题的措施。

⑦狃：习惯。

⑧不吾信：不相信我。

⑨惟：只有。

⑩出身：挺身而出。

⑪犯：冒着。

⑫以：而，表顺接。

⑬固：原本。

⑭期月：一个月。这里泛指短时期。

⑮端：开头，开始。

⑯发：触发。

⑰收：制止。

⑱循循焉：缓慢的样子。循循，徐徐。焉，……的样子。

⑲去：逃避。

⑳昔者晁错尽忠为汉：从前晁错殚精竭虑效忠汉朝。昔者，从前。汉，西汉。

㉑山东：指崤山以东。

㉒并起：一同起兵叛乱。

㉓而天子不以察，以错为之说：但汉景帝没有洞察到起兵的诸侯的用心，把晁错杀了来说服他们退兵。

㉔天下悲错之以忠而受祸，不知错有以取之也：天下人都为晁错因尽忠而遭受杀身之祸而悲痛，却不明白其中一部分是晁错自己造成的。以，因为。取，招致。

㉕古之立大事者，不惟有超世之才，亦必有坚忍不拔之志：自古以来能够成就伟大功绩的人，不仅仅要有超凡出众的才能，也一定有坚韧不拔的意志。

㉖之：用在主、谓语之间，取消句子的独立性，无实义。

上梅直讲①书（苏轼）

轼每读《诗》至《鸱鸮》②，读《书》至《君奭》③，常窃悲周公之不遇。及观《史》，见孔子厄于陈、蔡之间④，而弦歌之声不绝，颜渊、仲由之徒相与问答。夫子曰：「『匪兕匪虎，率彼旷野』，吾道非邪，吾何为于此？」颜渊曰：「夫子之道至大，故天下莫能容。虽然，不容何病？不容然后见君子。」夫子油然而笑曰：「回，使尔多财，吾为尔宰。」夫天下虽不能容，而其徒自足以相乐如此。乃今知周公之富贵，有不如夫子之贫贱。夫以召公之贤，以管、蔡之亲⑤而不知其心，则周公谁与乐其富贵？而夫子之所与共贫贱者，皆天下之贤才，则亦足与乐矣！

轼七、八岁时，始知读书。闻今天下有欧阳公者，其为人如古孟轲、韩愈之徒；而又有梅公者，从之游，而与之上下其议论。其后益壮，始能读其文词，想见其为人，意其飘然脱去世俗之乐，而自乐其乐也。方学为对偶声律之文，求斗升之禄⑥，自度无以进见于诸公之间。来京师逾年，未尝窥其门。今年春，天下之士，群至于礼部，执事与欧阳公实亲试之。轼不自意，获在第二。既而闻之，执事爱其文，以为有孟轲之风；而欧阳公亦以其能不为世俗之文也而取，是以在此。非左右为之先容，非亲旧为之请属，而向之十余年间，闻其名而不得见者，一朝为知己。退而思之，人不可以苟⑦富贵，亦不可以徒贫贱。

有大贤焉而为其徒，则亦足恃矣。苟其侥一时之幸，从车骑数十人，使闾巷小民，聚观而赞叹之，亦何以易此乐也。《传》曰：「不怨天，不尤人。」盖「优哉游哉，可以卒岁」。执事名满天下，而位不过五品。其容色温然而不怒，其文章宽厚敦朴而无怨言，此必有所乐乎斯道也。轼愿与闻焉。

注释

①梅直讲：梅尧臣，字圣俞，世称宛陵先生，北宋著名现实主义诗人。

②《鸱鸮》：《诗经·豳风》篇名，内容描写一只被鸱鸮吞食了小鸟，毁坏了鸟巢的母鸟的诉说，表现了自己家破子亡的痛苦，控诉了恶鸟的残暴，是一首典型的寓言诗。

③《君奭》：《尚书·文武》中的一篇，是周公面请召公帮他管理国政的一封信。

④厄于陈、蔡之间：指孔子及其弟子从陈国到蔡国的途中被围困，断绝粮食的事。

⑤管蔡之亲：管是管叔，蔡是蔡叔，二人是周公派到管蔡二国，就近监视商朝后裔的人，但是二人后来却背叛周公而开始造反，后来被周公镇压下去了。

⑥斗升之禄：喻微薄的俸禄。

⑦苟：苟且。

点评

这封书信分为两个部分：前半篇先援引史实说明虽周公、孔子这样的圣贤也会有困厄不遇之时，而孔子身处逆境

㉗龙门：今陕西韩城东北，是黄河奔流最湍急处。

㉘大河：指黄河。

㉙方：当。

㉚盖亦有溃冒冲突可畏之患：可能也有决堤、漫堤等可怕的祸患。

㉛是以：所以，因此。

㉜夫：句首发语词。

㉝骤：突然。

㉞其为变，岂足怪哉：他们起来叛乱，难道值得奇怪吗？足，值得。

㉟乃：竟然。

㊱欲使天子自将而己居守：想让皇帝御驾亲征平定叛乱，而自己留守京城。

㊲己欲求其名，安所逃其患：自己想求得这个美名，怎么能逃避这场患难呢？安，怎么。

㊳此忠臣义士所以愤怨而不平者也：这是忠臣义士们之所以愤怒不平的原因啊。

㊴虽：即使。

㊵何者：为什么呢？

㊶以情而言：按照情理来说。以，按照。

㊷天子固已难之矣，而重违其议：皇帝本来已经觉得这是勉为其难的事情，但又不好反对他的建议。

㊸使：假若。

㊹淬砺：锻炼磨砺。引申为冲锋陷阵，发愤图强。

㊺虽有百盎，可得而间哉：即使有一百个袁盎，能有机可乘离间他们君臣吗？

㊻嗟夫：感叹词，唉。

㊼则无务为自全之计：就不要考虑保全性命的计策。务，从事。

㊽隙：空隙，空子。

㊾乃其所以自祸欤：正是他招致杀身之祸的原因啊！欤，语气助词，表感叹。

点评

汉代的智囊人物晁错提出『削藩』建议，引起七国叛乱，后因谗言被汉景帝所杀，世代为人所叹息。本文翻空出奇，以独特的视角阐述了晁错受祸原因，提出了仁人君子、豪杰之士应『出身为天下犯大难，以求成功』、『欲求非常之功，则无务为自全之计』的主张。作者生活的时代治平已久，文恬武嬉，积贫积弱，故此论实为有感而发。立论蹊径独辟，不同凡响；论证紧和史事，鞭辟入里；行文高屋建瓴，虚实相生，排宕开阖，有一种滔滔的气势。

⑪弥：整、满。
⑫雨，下雨。
⑬乙卯：农历四月初二。
⑭甲子：农历四月十一日。
⑮丁卯：农历四月十四日。
⑯相与：汇聚。
⑰贾：指客商。
⑱忭：欢乐、喜悦。
⑲适：恰巧。
⑳属：同『嘱』，意为劝酒。
㉑禾：谷子，即小米。
㉒荐饥：连续饥荒。
㉓滋：增多。
㉔炽：旺盛。
㉕优游：安闲舒适、无忧无虑的神态。

㉖斯：这些。
㉗赐：给予。
㉘襦：本意短衣，此处代表所有的衣服。
㉙伊：语助词，无意。
㉚不：通『否』，意为不然。
㉛造物：造物主（即上帝）或指上天。
㉜冥冥：高远渺茫。

点评

一个极普通的亭子，不过是一个供人休息的场所而已，而苏轼却巧妙地将建亭与『喜』与『雨』联系起来，与人民忧患相关联，『亭』的价值就非同一般了。把忧民之所忧，乐民之所乐的旨归熔铸成章，正是作者匠心独运之处。

作者一反亭台游记写法的俗套，以其灵活多变的笔触，使文章纡徐委备，立意奇特，耐人寻味。特别是在建亭、喜雨、定名的经过均已交代后，并未马上收笔，而是以设想的宴会问答和『喜雨亭』歌又起波澜，把喜庆气氛推入高潮，有力地烘托了主题。

凌虚台记（苏轼）

国①于南山②之下，宜若起居③饮食与山接也。四方之山，莫高于终南；而都邑之丽④山者，莫近于⑤扶风⑥。以至近求最高，其势必得。而太守⑦之居，未尝知有山焉。虽非事之所以损益，而物理有不当然者。此凌虚之所为筑⑧也。

方其未筑也，太守陈公⑨杖履⑩逍遥于其下。见山之出于林木之上者，累累⑪如人之旅行⑫，于墙外而见其髻⑬也。曰：『是必有异。』使工凿其前为方池，以其土筑台，高出于屋之檐而止。然后人之至于其上者，恍然⑭不知⑮台之高，而以为山之踊跃奋迅而出也。公曰：『是宜名凌虚。』以告其从事⑯苏轼，而求文以为记。

轼复于公曰：『物之废兴成毁，不可得而知也。昔者⑰荒草野田，霜露之所蒙翳⑱，狐虺⑲之所窜伏⑳。方是时，岂㉑知有凌虚台耶？废兴成毁，相寻㉒于无穷，则台之复为荒草野田，皆不可知也。尝试与公登台而望，其东则秦穆㉓之祈年、橐泉㉔也，其南则汉武㉕之长杨、五柞㉖，而其北则隋之仁寿㉗，唐之九成㉘也。计其一时之盛，宏杰诡丽，坚固而不可动者，岂特㉙百倍于台而已哉？然而数世之后，欲求其仿佛，而破瓦颓垣，无复存者，既已㉚化为禾黍荆棘丘墟陇亩矣，而况于㉛此台欤！夫台犹㉜不足恃以长久，而㉝况于人事之得丧，忽往而忽来者欤！而或者㉞欲以㉟夸世㊱而自足，则过矣㊲。盖世有足恃者，而不在㊳乎台之存亡也。』既以言于公，退而为之记。

注释

①国：指都市，城邑。这里用作动词，建城。
②南山：终南山的简称。
③起居：起来和休息。
④丽：附着，靠近。
⑤于：比。
⑥扶风：宋称凤翔府，治所在今陕西凤翔县。这里沿用旧称。
⑦太守：官名。
⑧所为筑：所以要建筑的原因。所为，同『所以』。
⑨陈公：当时的知府陈希亮，字公弼，青神（今四川青神县）人。宋仁宗赵祯天圣年间进士。公，对人的尊称。
⑩杖履：指老人出游。
⑪累累：多而重叠貌，连贯成串的样子。
⑫旅行：成群结队地行走。
⑬髻：挽束在头顶上的发。
⑭恍然：仿佛，好像。

⑮知：事先知道，预知。

⑯从事：宋以前的官名，这里指属员。

⑰昔者：以往，过去。者，起凑足一个音节的作用。

⑱蒙翳：掩蔽，遮盖。

⑲虺：毒虫，毒蛇。

⑳窜伏：潜藏，伏匿。

㉑岂：怎么，难道。

㉒相寻：相互循环。寻，通「循」。

㉓秦穆：即秦穆公，春秋时秦国的君主，曾称霸西戎。

㉔祈年、橐泉：据《汉书·地理志·雍》颜师古注，祈年宫是秦惠公所建，橐泉宫是秦孝公所建，与此文不同。

㉕汉武：即汉武帝刘彻。

㉖长杨、五柞：长杨宫，旧址在今陕西周至县东南。五柞宫，旧址也在周至县东南。

㉗仁寿：宫名。隋文帝杨坚开皇十三年建。故址在今陕西麟游县境内。

㉘九成：宫名。本隋仁寿宫。唐太宗李世民贞观五年重修，为避暑之所，因山有九重，改名九成。

㉙特：止，仅。

㉚既已：已经。

㉛而况于：何况，更何况。

㉜犹：还，尚且。

㉝而：如果，假如。

㉞或者：有的人，有人。

㉟以：凭借，依靠。

㊱夸世：即「夸于世」。

㊲过矣：错了。

㊳不在：是说「台」和「足恃者」之间不存在任何关系。

点评

例来新建的建筑，要人来写篇文章的，都是让人说些赞美之词，而本文却违背太守的意愿，说了一些相反的意见，而作者又是太守的部下，所以别致。州府在终南山下，观山本极容易，而太守筑台的目的却在观山。因此，作者对筑台的因由和过程的描写，在千回百折中含有明显的讽刺意味；其议论纵横，把兴废成毁的自然之理说得鞭辟入里，从根本上否定了凌虚台的修筑。全文由山筑台，由台而化，由化变无，层层紧扣，环环深入，令人惕然移觉、回味无穷。

超然台记（苏轼）

凡物皆有可观①。苟有可观，皆有可乐，非必怪奇伟丽者也。铺②糟啜③醨④皆可以醉⑤；果蔬草木，皆可以饱⑥。推此类也，吾安往而不乐⑦？

夫所为求福而⑧辞祸者⑨，以福可喜而祸可悲也。人之所欲无穷，而物之可以足吾欲者有尽⑩，美恶之辨战于中，而去取之择交乎前。则可乐者常少，而可悲者常多。是谓求祸而辞福。夫求祸而辞福，岂⑪人之情⑫也哉？物有以⑬盖⑭之矣。彼游于物之内，而不游于物之外。物非有大小也，自其内而观之，未有不高且大者也。彼挟其高大以临我，则我常眩乱反复，如隙中之观斗，又焉⑮知胜负之所在。是以美恶横⑯生，而⑰忧乐出焉⑱，可不大哀乎！

余自钱塘移守胶西，释舟楫之安，而服车马之劳；去雕墙之美，而庇采椽之居；背⑲湖山之观，而适桑麻之野。始至之日，岁比⑳不登㉑，盗贼满野，狱讼充斥；而斋厨索然，日食杞菊。人固疑余之不乐也。处之期年，而貌加丰，发之白者，日以反黑。予既乐其风俗之淳，而其吏民亦安予之拙也。于是治其园圃，洁其庭宇，伐安丘、高密之木，以修补破败，为苟全㉒之计。而园之北，因城以为台者旧矣，稍葺㉓而新之。时相与登览，放意肆志焉。南望马耳、常山，出没隐见，若近若远，庶几㉔有隐君子乎！而其东则庐山，秦人卢敖之所从遁也。西望穆陵，隐然如城郭，师尚父、齐桓公之遗烈㉕，犹有存者。北俯潍水，慨然太息，思淮阴之功，而吊其不终。台高而安，深而明，夏凉而冬温。雨雪之朝，风月之夕，予未尝不在，客未尝不从。撷㉖园蔬，取池鱼，酿秫㉗酒，瀹㉘脱粟而食之，曰：『乐哉游乎！』

方是时，予弟子由，适在济南，闻而赋之，且名其台曰『超然』，以见余之无所往而不乐者，盖游于物之外也。

注释

①凡物皆有可观：省略『者』即可观者，值得观赏的地方。

②铺：吃。

③啜：喝。

④醨：米酒。

⑤醉：使……醉。

⑥饱：使……饱。

⑦吾安往而不乐：即『吾往安而不乐』。而，表承接。

⑧而：表并列，并且。

⑨者：……的原因。

⑩而物之可以足吾欲者有尽：译为『但是能满足我们欲望的东西却是有限的』。

⑪岂：难道。

⑫情：心愿。

⑬有以：可以用来。

⑭盖：蒙蔽。

⑮焉：哪里。

⑯横：意外发生。

⑰而：表承接，随后。

⑱焉：于此。

⑲背：远离。

⑳比：连续，常常。

㉑登：丰收。

㉒苟全：大致完备。

㉓葺：原指用茅草覆盖房子，后泛指修理房屋。

㉔庶几：表希望或推测。

㉕遗烈：前辈留下来的功业。

㉖撷：摘下，取下。

㉗秫：黏高粱，可以做烧酒。有的地区就指高粱。

㉘瀹：煮。

点评

本文以『乐』字为主线，贯穿始终，议叙相结，虚实并举，是『一字立骨』文章的典范。首先从正反两方面论述超然于物外的快乐，说明人如果不能超然于物外，任随欲望发展，必然陷入游于物内，盲目乱撞的泥潭，结果必然招来灾祸，造成绝顶的悲哀。接着叙述作者移守胶西，生活初安，治园修台，游而得乐的情景，以自己的亲身经历和体会来说明苦乐本无一定，随心而转的道理。结尾点明『超然』二字，具有画龙点睛之妙。

放鹤亭①记（苏轼）

熙宁十年②秋，彭城③大水。云龙山人张君之草堂，水及④其半扉⑤。明年⑥春，水落，迁于故居之东，东山之麓。升⑦高而望，得异境焉，作⑧亭于其上。彭城之山，冈岭四合，隐然如大环，独缺其西一面，而山人之亭，适⑨当其缺。春夏之交，草木际天；秋冬雪月，千里一色；风雨晦明⑩之间，俯仰百变⑪。山人有二鹤，甚驯而善飞，旦⑫则望西山之缺而放焉，纵⑬其所如，或立于陂田⑭，或翔于云表；暮则傃⑮东山而归。故名⑯之曰『放鹤亭』。

郡守苏轼，时从宾佐僚吏往见山人，饮酒于斯亭而乐之。挹⑰山人而告之曰：『子知隐居之乐乎？

虽南面之君，未可与易也。《易》曰：「鸣鹤在阴，其子和之[18]。」《诗》曰：「鹤鸣于九皋，声闻于天[19]。」盖其为物，清远闲放，超然于尘埃之外，故《易》《诗》人以比贤人君子。隐德之士，狎[20]而玩之，宜若有益而无损者；然卫懿公好鹤则亡其国[21]。周公作《酒诰》[22]，卫武公作《抑》戒[23]，以为荒惑败乱，无若酒者；而刘伶、阮籍[24]之徒，以此全其真而名后世。嗟夫！南面之君，虽清远闲放如鹤者，犹不得好，好之则亡其国；而山林遁世之士，虽荒惑败乱如酒者，犹不能为害，而况于鹤乎？由此观之，其为乐未可以同日而语也。」山人忻然而笑曰：「有是哉！」乃作放鹤、招鹤之歌曰：

「鹤飞去兮西山之缺，高翔而下览兮择所适。翻然敛翼，宛将集兮[25]，忽何所见，矫然而复击。独终日于涧谷之间兮，啄苍苔而履白石。」「鹤归来兮，东山之阴。其下有人兮，黄冠[26]草履，葛衣而鼓琴。躬耕而食兮，其余以汝饱。归来归来兮，西山不可以久留。」

元丰元年[27]十一月初八日记。

注释

①放鹤亭：位于今江苏徐州市云龙山上。

②熙宁十年：即公元一〇七七年。熙宁，宋神宗年号。

③彭城：今江苏徐州市。北宋徐州治所所在地。

④及：漫上。

⑤扉：门。

⑥明年：第二年。

⑦升：登上。

⑧作：造。

⑨适：恰好。

⑩晦明：昏暗和明朗。

⑪俯仰百变：俯视仰视之间，气象有许多变化。

⑫旦：早晨。

⑬纵：听凭。

⑭陂田：水边的田地。

⑮傃：向，向着，沿着。

⑯名：给……命名。

⑰挹：通「揖」，作揖。

⑱鸣鹤在阴，其子和之：鹤在北坡鸣叫，小鹤与之应和（见《易经·中孚·九二》）。阴，北面。

⑲鹤鸣于九皋，声闻于天：鹤在深泽中鸣叫，声传于天外（语出《诗经·小雅·鹤鸣》）。

⑳狎：亲近。

㉑卫懿公好鹤则亡其国：据《左传·鲁闵公二年》，卫懿公好鹤，封给鹤各种爵位，让鹤乘车而行。狄人伐卫，卫国兵士发牢骚说："使鹤，鹤实有禄位，余焉能战？"卫因此亡国。

㉒《酒诰》：《尚书》篇名。

㉓《抑》：《诗·大雅》中的篇名。

㉔刘伶、阮籍：皆西晋"竹林七贤"中人。皆沉醉于酒，不与世事，以全身远害。

㉕"翻然"二句：指鹤转身敛翅，恍惚将要止歇。

㉖黄冠：道士所戴之冠。

㉗元丰元年：即一〇七八年。元丰，宋神宗年号。

点评

山有异境，异境有亭，亭有山人，山人养鹤为伴。于是作者亲自到亭造访山人，发了一番言论：高洁祥瑞如鹤，虽贵为天子，却爱而不敢好，否则，就会像卫懿公一样，闹个亡国的下场；只有隐居而且品德高尚的人，才能好而无伤，独得其乐。作者的潜台词是：隐居之乐，即使南面君主的地位，也是换不来的。文中写景生动，语言简练，形象传神，道理透彻而富于诗意。

石钟山①记（苏轼）

《水经》云："彭蠡②之口有石钟山焉。"郦元③以为下临深潭，微风鼓④浪，水石相搏⑤，声如洪钟⑥。是说⑦也，人常疑之。今以钟磬⑧置水中，虽大风浪不能鸣也，而况石乎！至唐李渤⑨始访其遗踪⑩，得双石于潭上，扣而聆之，南声函胡⑪，北音清越⑫，桴止响腾⑬，余韵徐歇⑭。自以为得之⑮矣。然是说也，余尤⑯疑之。石之铿然⑰有声者，所在皆是⑱也，而此独以钟名，何哉？

元丰⑲七年六月丁丑⑳，余自齐安㉑舟行适临汝㉒，而长子迈将赴㉓饶之德兴尉，送之至湖口㉔，因得观所谓石钟者。寺僧使小童持斧，于乱石间择其一二扣之，硿硿㉕焉，余固笑而不信也。至莫夜㉖月明，独与迈乘小舟，至绝壁下。大石侧立千尺，如猛兽奇鬼，森然㉗欲搏人㉘；而山上栖鹘㉙，闻人声亦惊起，磔磔㉚云霄间；又有若老人咳且笑于山谷中者，或曰此鹳鹤㉛也。余方心动㉜欲还，而大声发于水上，噌吰㉝如钟鼓不绝。舟人㉞大恐。徐而察之，则山下皆石穴罅㉟，不知其浅深，微波入焉，涵澹澎湃㊱而为此㊲也。舟回至两山间，将入港口，有大石当中流㊳，可坐百人，空中㊴而多窍㊵，与风水相吞吐，有窾坎镗鞳㊶之声，与向之噌吰者相应，如乐作焉。因笑谓迈曰："汝识之乎㊷？噌吰者，周景王之无射㊸也；窾坎镗鞳者，魏庄子之歌钟㊹也。古之人不余欺也㊺！"

事不目见耳闻，而臆断㊻其有无，可乎？郦元之所见闻，殆㊼与余同，而言之不详；士大夫终㊽不肯以小舟夜泊绝壁之下，故莫能知；而渔工水师㊾虽知而不能言㊿。此世所以不传也(51)。而陋者(52)乃以斧斤考击而求之[53]，自以为得其实[54]。余是以记之，盖叹郦元之简，而笑李渤之陋也。

注释

①石钟山：在江西湖口鄱阳湖东岸，有南、北二山，在县城南边的叫上钟山，在县城北边的叫下钟山。

②彭蠡：鄱阳湖的又一名称。

③郦元：即郦道元，《水经注》的作者。

④鼓：振动。

⑤搏：击，拍。

⑥洪钟：大钟。

⑦是说：这个说法。

⑧磬：古代打击乐器，形状像曲尺，用玉或石制成。

⑨李渤：唐朝洛阳人，写过一篇《辨石钟山记》。

⑩遗踪：旧址，陈迹。这里指所在地。

⑪南声函胡：南边（那座山石）的声音重浊而模糊。函胡，通「含糊」。

⑫北音清越：北边（那座山石）的声音清脆而响亮。越，高扬。

⑬桴止响腾：鼓槌停止了（敲击），声音还在传播。腾，传播。

⑭余韵徐歇：余音慢慢消失。韵，这里指声音。徐，慢。

⑮得之：找到了这个（原因）。之，指石钟山命名的原因。

⑯尤：更加。

⑰铿然：敲击金石所发出的响亮的声音。

⑱所在皆是：到处都（是）这样。是，这样。

⑲元丰：宋神宗的年号。

⑳六月丁丑：农历六月初九。

㉑齐安：在今湖北黄州。

㉒临汝：即汝州（今河南临汝）。

㉓赴：这里是赴任、就职的意思。

㉔湖口：今江西湖口。

㉕硿硿焉：硿硿地（发出响声）。焉，相当于「然」。

㉖莫夜：晚上。莫，通「暮」。

㉗森然：形容繁密直立。

㉘搏人：捉人，打人。

扣石聆之以此推石钟山得名原因的做法，作者在第一段就表示『余尤疑之』，第二段中寺僧使小童持斧，扣石，作者对此种验证方法仍是『笑而不信』。待实地考察，得出真相之后，作者又回扣首文而『笑李渤之陋』。全文由思而行，有感而发，环环相扣，首尾呼应，逻辑严密，浑然一体，记叙、描写、议论、抒情错落有致，而写景状物更是绘声绘色，意境深远，是因事说理的千古名篇。

潮州①韩文公②庙碑（苏轼）

匹夫而为百世师，一言而为天下法，是皆有以参天地之化③，关盛衰之运。其生也有自来，其逝也有所为。故申、吕自岳降④，傅说为列星⑤，古今所传，不可诬也。孟子曰：『我善养吾浩然之气⑥。』是气也，寓于寻常之中，而塞乎天地之间。卒然遇之，则王、公⑦失其贵，晋、楚失其富，良、平⑧失其智，贲、育⑨失其勇，仪、秦⑩失其辨。是孰使之然哉？其必有不依形而立，不恃力而行，不待生而存，不随死而亡者矣！故在天为星辰，在地为河岳，幽则为鬼神，而明则复为人。此理之常，无足怪者。

自东汉以来，道⑪丧文弊，异端⑫并起。历唐贞观⑬开元⑭之盛，辅以房、杜⑮、姚、宋⑯而不能救。独韩文公起布衣，谈笑而麾之，天下靡然从公，复归于正⑰，盖三百年于此⑱矣。文起八代⑲之衰，而道济天下之溺⑳，忠犯人主之怒㉑，而勇夺三军之帅㉒。此岂非参天地、关盛衰，浩然而独存者乎？

盖尝论天人之辨：以谓人无所不至，惟天不容伪。智可以欺王公，不可以欺豚鱼㉓；力可以得天下，不可以得匹夫匹妇之心。故公之精诚，能开衡山㉔之云，而不能回宪宗之惑㉕；能驯鳄鱼之暴㉖，而不能弭皇甫镈、李逢吉之谤㉗；能信于南海㉘之民，庙食㉙百世，而不能使其身一日安于朝廷之上：盖公之所能者天也，其所不能者人也。

始潮人未知学，公命进士赵德为之师，自是潮之士，皆笃于文行，延及齐民，至于今，号称易治。信乎孔子之言：『君子学道则爱人，小人学道则易使也㉚。』潮人之事公也，饮食必祭，水旱疾疫，凡有求必祷焉。而庙在刺史公堂㉛之后，民以出入为艰。前太守㉜欲请诸朝作新庙，不果。元祐五年㉝，朝散郎㉞王君涤来守是邦，凡所以养士治民者，一以公为师，民既悦服，则出令曰：『愿新公庙者，听。』民欢趋之，卜地㉟于州城之南七里，期年而庙成。

或曰：『公去国万里而谪于潮，不能一岁㊱而归，没㊲而有知，其不眷恋于潮也审㊳矣！』轼曰：『不然。公之神在天下者，如水之在地中，无所往而不在也。而潮人独信之深，思之至，焄蒿凄怆㊴，若或见之。譬如凿井得泉，而曰水专在是，岂理也哉！』

元丰元年㊵，诏封公昌黎伯㊶，故榜㊷曰：『昌黎伯韩文公之庙』。潮人请书其事于石，因作诗以遗㊸之，使歌以祀公。其辞曰：

公昔骑龙白云乡，手抉㊹云汉㊺分天㊻章，天孙㊼为织云锦裳。飘然乘风来帝旁，下与浊世扫秕糠㊽。西游咸池略扶桑㊾，草木衣被昭回光㊿。追逐李、杜[51]参翱翔，汗流籍[52]、湜[53]走且僵。灭没倒影不能望[54]，作书诋佛讥君王。要观南海窥衡湘，历舜九嶷[55]吊英皇[56]。祝融[57]先驱海若[58]藏，约束蛟鳄如驱羊。钧天[59]无人帝悲伤，讴吟[60]下招遣巫阳。犦牲[61]鸡卜[62]羞我觞[63]，于粲荔丹与蕉黄。公不少留我涕滂，翩然被发下大荒[64]。

注释

①潮州：治所在广东潮安县。

②韩文公：即韩愈。文公，韩愈死后的谥号。

③参天地之化：《礼记·中庸》『可以赞天地之化育，则可以与天地参矣。』宋朱熹注『与天地参，谓与天地并立为三矣。』

④申、吕自岳降：申、吕，指周宣王时的申伯和吕侯（亦称甫侯），伯夷的后代。

⑤傅说为列星：傅说，商王武丁的宰相。相传他死后飞升上天，和众星并列。

⑥我善养吾浩然之气：见《孟子·公孙丑上》。浩然之气，盛大刚直的正气。

⑦王、公：王侯、公卿。

⑧良、平：张良和陈平，都是汉高祖刘邦的开国功臣，都以足智多谋著称。

⑨贲、育：孟贲和夏育，古代著名的勇士。

⑩仪、秦：张仪和苏秦，战国时游说列国的纵横家。

⑪道：指儒家的学说思想，即所谓道统。

⑫异端：儒家把道家、墨家等不同的学派斥为异端。这里指汉、魏以来长期兴盛的佛教与道教。

⑬贞观：唐太宗（李世民）的年号。

⑭开元：唐玄宗（李隆基）的年号。

⑮房、杜：即房玄龄和杜如晦，唐太宗时的贤相。

⑯姚、宋：即姚崇和宋璟，唐玄宗前期的名相。

⑰正：儒家的正道。

⑱盖三百年如此：从韩愈倡导古文到苏轼时期将近三百年。

⑲八代：指东汉、魏、晋、宋、齐、梁、陈、隋。

⑳道济天下之溺：指韩愈提倡儒家之道，把天下人从沉溺佛、老等异端的困境中拯救出来。济，拯救。

㉑忠犯人主之怒：唐宪宗（李纯）派使者往凤翔迎佛骨入宫，韩愈上表进谏，言词激切，触怒宪宗，几乎被处死。幸大臣裴度、崔群等营救，才贬为潮州刺史。

㉒勇夺三军之帅：唐穆宗（李恒）时，镇州（治所在今河北正定县）叛乱，杀节度使田弘正，另立王廷凑，韩愈奉命前去宣抚。大臣们都替他担心，认为有被杀的危险，但他只用一次谈话便说服了作乱的将士。回京后穆宗大为高兴，转韩愈为吏部侍郎。

㉓豚鱼：泛指小动物。豚，小猪。

㉔衡山：五岳中的南岳，在湖南省衡山县境内。

㉕不能回宪宗之惑：指韩愈谏迎佛骨，唐宪宗不听一事。

㉖能驯鳄鱼之暴：韩愈任潮州刺史时，听说鳄鱼危害百姓，便作《祭鳄鱼文》，命令鳄鱼迁走。据说后来鳄鱼果然向西迁移六十里。

㉗不能弭皇甫镈、李逢吉之谤：韩愈贬潮州后，上表谢罪。宪宗看后，很是后悔，想叫他官复原职，但遭到宰相皇甫镈的中伤阻止，就改韩愈为袁州刺史。唐穆宗时，宰相李逢吉曾弹劾韩愈，罢去韩愈御史大夫职务，降为兵部侍郎。弭，消除。

㉘南海：潮州临南海，所以借南海指潮州。

㉙庙食：接受后世的立庙祭祀。

㉚「君子学道则爱人」二句：语见《论语·阳货》。君子，指士大夫。小人，指老百姓。

㉛刺史公堂：州官办公的厅堂。刺史，唐代州的最高行政长官。

㉜太守：唐时的刺史，相当汉的太守。这里沿用旧名。

㉝元祐五年：宋哲宗（赵煦）元祐五年，即一〇九〇年。

㉞朝散郎：文官名，官阶为从七品。

㉟卜地：选择地址。

㊱不能一岁：没有一年。

㊲没：通「殁」，死亡。

㊳审：明白。

㊴焄蒿凄怆：祭祀时引起悲伤的情感。焄，指祭物的香气。蒿，香气蒸发上升的样子。语见《礼记·祭义》。

㊵元丰元年：据《经进东坡文集事略》卷五十五，应为「元丰七年」。宋神宗（赵顼）元丰七年，即一〇八四年。

㊶昌黎伯：韩愈的祖籍在昌黎（今属河北省），因而世称昌黎伯。

㊷榜：木匾。

㊸遗：送给。

㊹手抉：用手挑取。

㊺云汉：天河。

㊻天章：文采。

㊼天孙：星名，即织女星。

㊽秕糠：本指米的皮屑，这里比喻邪说异端。

㊾西游咸池略扶桑：咸池，神话中太阳沐浴的地方。略，到。扶桑，神话中日没的地方。

㊿草木衣被昭回光：是说韩愈的道德文章辉映一代，如同日月光照大地，泽及草木一样。

(51)李、杜：李白和杜甫。

(52)汗流：都是形容追赶不上。

(53)籍、湜：张籍和皇甫湜，唐代文学家，韩愈同时代人。

⑭ 灭没倒影不能望：形容张籍、皇甫湜像倒影一样容易灭没，不能仰望韩愈日月般的光辉。

⑮ 九嶷：山名，又名苍梧，在今湖南省宁远县境内。

⑯ 英、皇：女英、娥皇，尧帝的两个女儿，同嫁舜帝为妃。

⑰ 祝融：传说的火神。

⑱ 海若：海神。

⑲ 钧天：天的中央。

⑳ 讴吟：唱歌。

㉑ 犦牲：用牦牛作祭品。

㉒ 鸡卜：用鸡骨占卜。

㉓ 羞我觞：进酒。

㉔ 翩然被发下大荒：祈望韩愈快快降临人世享受祭祀。被，同「披」。大荒，即大地。

点评

本文高度颂扬了韩愈的道德、文章和政绩，并具体描述了潮州人民对韩愈的崇敬怀念之情。碑记的传统写法大都以叙事为主，《潮州韩文公庙碑》则主于议论，叙事亦以议论出之，可以说是碑记的变体。行文中，作者常在散行中运用对偶句式，以加强文章的音韵美；常用排比叠用的方法，以加强文章的气势；议论中又暗寓自己的身世之感，以加强文章的感情色彩。文章音调铿锵、气势充沛而又感慨良深。古人说得好：『宋人集中无此文字，直然凌越四百年，迫文公而上之』。黄震甚至说：『非东坡不能为此，非韩公不足以当此，千古奇观也。』

乞校正陆贽奏议御札子（苏轼）

臣等猥以空疏，备员①讲读②。圣明天纵，学问日新。臣等才有限而道无穷，心欲言而口不逮③，以此自愧，莫知所为。

窃谓人臣之纳忠，譬如医者之用药，药虽进于医手，方多传于古人。若已经效于世间，不必皆从于己出。伏见唐宰相陆贽④，才本王佐，学为帝师。论深切于事情，言不离于道德。智如子房而文则过，辨如贾谊而术不疏，上以格君心之非，下以通天下之志。但其不幸，仕不遇时。德宗以苛刻为能，而贽谏之以忠厚；德宗以猜疑为术，而贽劝之以推诚；德宗好用兵，而贽以消兵为先；德宗好聚财，而贽以散财为急。

至于用人听言之法，治边驭将之方，罪己以收人心，改过以应天道，去小人以除民患，惜名器⑤以待有功，如此之流，未易悉数。可谓进苦口之药石，针害身之膏肓。使德宗尽用其言，则贞观可得而复。

臣等每退自西阁，即私杠告，以陛下圣明，必喜贽议论。但使圣贤之相契，即如臣主之同时。昔冯唐论颇、牧⑥之贤，则汉文为之太息⑦；魏相晁、董之对⑧，则孝宣以致中兴。若陛下能自得师，莫若近取诸贽。

夫六经三史，诸子百家，非无可观，皆足为治。但圣言幽远，末学支离，譬如山海之崇深，难以一二而推择。如贽之论，开卷了然。聚古今之精英，实治乱之龟鉴。臣等欲取其奏议，稍加校正，缮写进呈。愿陛下置之坐隅，如见贽面，反覆熟读，如与贽言。必能发圣性之高明，成治功于岁月。臣等不胜区区之意，取进止。

注释

①备员：凑数。

②讲读：指侍讲、侍读，官名。

③逮：到，及。

④陆贽：任翰林学士、宰相，节操清廉，始终不渝。后受谗被贬，著有《翰苑集》。

⑤名器：《左传》『唯器与名，不可以假人。』意即赏赐不可滥。

⑥颇、牧：颇指廉颇，牧指李牧，均为战国时名将。

⑦太息：出声长叹。

⑧晁、董：晁指晁错，董指董仲舒，均为西汉时思想家。

点评

本文写于宋哲宗即位不久，王安石推行的新法被吕惠卿等人弄得面目全非，弊端百出的时候。文中认为陆贽的札子虽不为当世的德宗所用，但如『经效于世间』的良药，为『治乱之龟鉴』，若为哲宗熟读，『必能发圣性之高明，成治功于岁月』，因此要求校正陆贽奏议，并建议哲宗反复熟读，从中得到治国的启发。

本文写得情理并至，委婉动听，十分得体，如『药虽进于医手，方多传于古人』，『但使圣贤之相契，即如臣主之同时』，都非常切合作者、陆贽、宋哲宗之间的关系，所以很有说服力、感染力。

前赤壁赋（苏轼）

壬戌①之秋，七月既望②，苏子与客泛舟游于赤壁之下。清风徐③来，水波不兴④。举酒属⑤客，诵明月之诗⑥，歌窈窕之章⑦。少焉⑧，月出于东山之上，徘徊于斗牛⑨之间。白露⑩横江⑪，水光接天。纵一苇之所如，凌万顷之茫然⑫。浩浩乎如冯虚御风⑬，而不知其所止；飘飘乎如遗世⑭独立，羽化⑮而登仙⑯。

于是饮酒乐甚，扣舷⑰而歌之。歌曰：『桂棹兮兰桨⑱，击空明⑲兮溯⑳流光㉑。渺渺㉒兮予怀，望美人㉓兮天一方。』客有吹洞箫者，倚歌㉔而和㉕之。其声呜呜然，如怨如慕㉖，如泣如诉；余音㉗袅袅㉘，不绝如缕㉙。舞幽壑㉚之潜蛟，泣孤舟之嫠妇㉛。

苏子愀然㉜，正襟危坐，而问客曰：『何为其然也㉝？』客曰：『「月明星稀，乌鹊南飞。」㉞此非曹孟德之诗乎？西望夏口㉟，东望武昌㊱，山川相缪㊲，郁㊳乎苍苍，此非孟德之困于周郎㊴者乎？

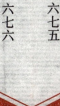

方其破荆州，下江陵，顺流而东也，舳舻㊵千里，旌旗蔽空，酾酒㊶临江，横槊㊷赋诗，固一世之雄也，而今安在哉？况吾与子渔樵于江渚之上，侣㊸鱼虾而友麋鹿，驾一叶之扁舟，举匏樽㊹以相属。寄蜉蝣㊺于天地，渺沧海之一粟。哀吾生之须臾㊻，羡长江之无穷。挟飞仙以遨游，抱明月而长终。知不可乎骤㊼得，托遗响㊽于悲风。」

苏子曰：「客亦知夫水与月乎？逝者如斯㊾，而未尝往也；盈虚者如彼㊿，而卒(51)莫消长(52)也。盖将自其变者而观之，则天地曾不能以一瞬；自其不变者而观之，则物与我皆无尽也，而又何羡乎！且夫天地之间，物各有主，苟非吾之所有，虽一毫而莫取。惟江上之清风，与山间之明月，耳得之而为声，目遇之而成色，取之无禁，用之不竭。是(53)造物者(54)之无尽藏也，而吾与子之所共适(55)。」

客喜而笑，洗盏更酌。肴核既尽，杯盘狼藉。相与枕藉乎舟中，不知东方之既白。

注释

①壬戌：宋神宗元丰五年，岁次壬戌。

②既望：农历每月十六。

③徐：缓缓地。

④兴：起。

⑤属：通「嘱」，致意，引申为劝酒。

⑥明月之诗：指《诗经·陈风·月出》，详见下注。

⑦窈窕之章：《月出》诗首章为：「月出皎兮，佼人僚兮，舒窈纠兮，劳心悄兮。」

⑧少焉：一会儿。

⑨斗牛：星座名，即斗宿（南斗）、牛宿。

⑩白露：白茫茫的水气。

⑪横江：笼罩江面。

⑫「纵一苇」二句意谓：任凭小船在宽广的江面上飘荡。纵，任凭。一苇，比喻极小的船。如，往。凌，越过。万顷，极为宽阔的江面。茫然：旷远的样子。

⑬冯虚御风：乘风腾空而遨游。冯虚，凭空，凌空。冯，通「凭」，乘。虚，太空。御，驾御。

⑭遗世：遗弃尘世。

⑮羽化：道教把成仙叫作「羽化」，认为成仙后能够飞升。

⑯登仙：登上仙境。

⑰扣舷：敲打着船边，指打节拍。

⑱桂棹兰桨：桂树做的棹，兰木做的桨。

⑲空明：月亮倒映水中的澄明之色。

㊾逝者如斯：流逝的像这江水。逝，往。斯，指水。
㊿盈虚者如彼：指月亮的圆缺。
51卒：最终。
52消长：增减。
53是：这。
54造物者：天地自然。
55适：享用。

点评

本文写于苏轼一生最为困难的时期之一——被贬谪黄州期间。但是本文却通过对月夜泛舟，饮酒赋诗，凭吊历史人物的描写，批评了现实的苦闷和消极的人生态度，阐发人类和万物同样是永久地存在的哲理，表现了旷达乐观的人生态度。

本文『以文为赋』。这种特殊的体裁形式，既保留了传统赋体的那种诗的特质与情韵，同时又吸取了散文的笔调和手法，打破了赋在句式、声律的对偶等方面的束缚，更多的是散文的成分，使文章兼具诗歌的深致情韵，又有散文的透辟理念。

后赤壁赋（苏轼）

是岁十月之望，步自雪堂①，将归于临皋②。二客从予，过黄泥之坂③。霜露既降，木叶④尽脱。人影在地，仰见明月，顾而乐之，行歌相答⑤。

已而⑥叹曰：『有客无酒，有酒无肴，月白风清，如此良夜何⑦？』客曰：『今者薄暮⑧，举网得鱼，巨口细鳞，状如松江之鲈⑨。顾安所得酒乎⑩？』归而谋诸妇⑪。妇曰：『我有斗⑫酒，藏之久矣，以待子不时之须⑬。』

于是携酒与鱼，复游于赤壁之下⑭。江流有声，断岸千尺⑮，山高月小，水落石出。曾日月之几何，而江山不可复识矣⑯！予乃摄衣⑰而上，履巉岩⑱，披蒙茸⑲，踞虎豹⑳，登虬龙㉑，攀栖鹘㉒之危巢，俯冯夷之幽宫㉓。盖二客不能从焉。划然长啸㉔，草木震动，山鸣谷应，风起水涌。予亦㉕悄然㉖而悲，肃然㉗而恐，凛乎其不可留也。反㉘而登舟，放㉙乎中流，听其所止而休焉㉚。

时夜将半，四顾寂寥。适有孤鹤，横江东来。翅如车轮，玄裳缟衣㉛，戛然㉜长鸣，掠予舟而西也。须臾客去，予亦就睡㉝。梦一道士，羽衣翩仙㉞，过临皋之下，揖予㉟而言曰：『赤壁之游乐乎？』问其姓名，俛㊱而不答。『呜呼！噫嘻㊲！我知之矣。畴昔之夜㊳，飞鸣而过我者，非子也邪㊴？』道士顾笑，予亦惊寤㊵。开户视之，不见其处。

注释

①步自雪堂：从雪堂步行出发。雪堂，苏轼在黄州所建的新居，堂在大雪时建成，画雪景于四壁，故名『雪堂』。

②临皋：亭名，在黄冈南长江边上。

③黄泥之坂：黄冈东面东坡附近的山坡叫『黄泥坂』。坂，斜坡，山坡。

④木叶：树叶。

⑤行歌相答：边行边吟诗，互相唱和；且走且唱，互相酬答。

⑥已而：过了一会儿。

⑦如此良夜何：怎样度过这个美好的夜晚呢？如……何，怎样对待……

⑧今者薄暮：方才傍晚的时候。薄暮，太阳将落天快黑的时候。薄，迫，逼近。

⑨淞江之鲈：松江所产的鲈鱼。

⑩顾安所得酒乎：但是从哪儿能弄到酒呢？顾，但是，可是。安所，何所，哪里。

⑪谋诸妇：谋之于妻，找妻子想办法。诸，相当于『之于』。

⑫斗：古代盛酒的器具。

⑬不时之须：随时的需要。『须』通『需』。

⑭复游于赤壁之下：这是泛舟而游。

⑮断岸千尺：江岸上山壁峭立，高达千尺。断，阻断，有『齐』的意思，这里形容山壁峭立的样子。

⑯曾日月之几何，而江山不可复识矣：才过了几天啊，（眼前的江山明知是先前的江山，）而先前的景象再不能辨认了。曾，才，刚刚。

⑰摄衣：提起衣襟。摄，牵曳。

⑱履巉岩：登上险峻的山崖。履，践，踏。巉岩，险峻的山石。

⑲披蒙茸：分开乱草。蒙茸，杂乱的丛草。

⑳踞虎豹：蹲坐在山石之上。踞，蹲或坐。虎豹，指形似虎豹的山石。

㉑登虬龙：是说游于树林之间。虬龙，指枝柯弯曲形似虬龙的树木。虬，龙的一种。

㉒栖鹘：睡在树上的鹘。栖，鸟宿。鹘，意为隼，鹰的一种。

㉓俯冯夷之幽宫：低头看水神冯夷的深宫。冯夷，水神。幽，深。

㉔划然长啸：高声长啸。划有『裂』的意思，这里形容长啸的声音。啸，蹙口作声。

㉕亦：这个『亦』字是承接上文『二客不能从』说的。

㉖悄然：静默的样子。

㉗肃然：因恐惧而收敛的样子。

㉘反：同『返』，返回。

㉙放：纵，遣。这里有任船飘荡的意思。

㉚听其所止而休焉：任凭那船停止在什么地方就在什么地方休息。

㉛玄裳缟衣：下服是黑的，上衣是白的。玄，黑。裳，下服。缟，白。衣，上衣。

㉜戛然：形容鹤雕一类的鸟高声叫唤的声音。

㉝须臾客去，予亦就睡：这时的作者与客已经舍舟登岸，客去而作者就寝于室内，看下文的「开户」便明。

㉞羽衣翩仙：穿着羽衣（道士穿的用鸟羽制成的衣服），轻快地走着。翩仙，一作「蹁跹」。

㉟揖予：向我拱手施礼。

㊱俛：同「俯」，低头。

㊲呜呼噫嘻：这四个字都是叹词，也可以呜呼，噫，嘻分开用，或者呜呼，噫嘻分开用。

㊳畴昔之夜：昨天晚上。畴，语首助词，没有实在的意思。昔，昨。

㊴非子也耶：不是你吗？「也」在这里不表示意义，只起辅助语气的作用。

㊵寤：觉，醒。

点评

本文写作者在月明风清之夜，与客行歌相答。先有『有客无酒』、『有酒无肴』之憾，后有『携酒与鱼』而游之乐。行文在平缓舒展中又曲折起伏，从『江流有声，断岸千尺』的江岸夜景，到『履巉岩，披蒙茸……』的山崖险情；从『曾日月之几何而江水不可复识』的感叹，到『悄然而悲，肃然而恐』的心情变化，极腾挪跌宕之姿。又借孤鹤道士的梦幻之境，表现旷然豁达的胸怀和慕仙出世的思想，结尾『开户视之，不见其处』数字，令人称奇。

《后赤壁赋》是《前赤壁赋》的姐妹篇，二者虽都以秋江夜月为景，以客为陪衬，但前赋主要是谈玄说理，后赋却是以叙事写景为主；前赋描写的是初秋的江上夜景，后赋则主要写江岸上的活动。两赋字字如画，句句似诗，诗画合一，情景交融，同工异曲，各有千秋。

三槐堂铭（苏轼）

天可必乎？贤者不必贵，仁者不必寿。天不可必乎？仁者必有后。二者将安取衷哉？吾闻之申包胥曰：『人定者胜天，天定亦能胜人。』世之论天者，皆不待其定而求之，故以天为茫茫。善者以怠，恶者以肆。盗跖之寿，孔、颜之厄，此皆天之未定者也。松柏生于山林，其始也，困于蓬蒿，厄于牛羊；而其终也，贯四时、阅千岁而不改者，其天定也。善恶之报，至于子孙，则其定也久矣。吾以所见所闻考之，而其可必也审矣。

国之将兴，必有世德之臣，厚施而不食其报，然后其子孙能与守文太平之主，共天下之福。故兵部侍郎晋国王公，显于汉、周之际[1]，历事太祖、太宗，文武忠孝，天下望以为相，而公卒以直道不容于时。盖尝手植三槐于庭，曰：『吾子孙必有为三公者。』已而其子魏国文正公[2]，相真宗皇帝于景德、祥符之间，朝廷清明，天下无事之时，享其福禄荣名者十有八年。

今夫寓物于人，明日而取之，有得有否；而晋公修德于身，责报于天，取必于数十年之后，如持左契③，交手相付。吾是以知天之果可必也。

吾不及见魏公，而见其子懿敏公，以直谏事仁宗皇帝，出入侍从将帅三十余年，位不满其德。天将复兴王氏也欤！何其子孙之多贤也？世有以晋公比李栖筠者，其雄才直气，真不相上下。而栖筠之子吉甫，其孙德裕④，功名富贵，略与王氏等；而忠恕仁厚，不及魏公父子。由此观之，王氏之福盖未艾也。

懿敏公之子巩与吾游，好德而文，以世其家，吾以是铭之。铭曰：

『呜呼休⑤哉！魏公之业，与槐俱萌；封植之勤，必世乃成。既相真宗，四方砥平。归视其家，槐阴满庭。吾侪小人，朝不及夕，相时射利，皇⑥恤厥德？庶几侥幸，不种而获。不有君子，其何能国？王城之东，晋公所庐；郁郁三槐，惟德之符。呜呼休哉！

注释

①汉、周之际：指五代的后汉、后周。

②魏国文正公：指王旦，封魏国公，谥文正。

③左契：古代契约分左右两联，左契凭以索偿。

④李吉甫、李德裕：均唐代贤相。

⑤休：美。

⑥皇：通『遑』，闲暇。

点评

本文是苏轼在湖州任上为学生王巩家祠『三槐堂』提写的铭词。三槐堂是北宋初年兵部侍郎、王巩曾祖父王佑手植三棵槐树于庭而得名。王佑在手植三槐的时候曾经预言后世将出现三公一类人物。

本文首先从天命的有常立论，肯定了善善恶恶的因果报应，提出『仁者必有后』的观点，作为全文的理论基础。然后记叙了王佑的品德和功业，王佑手植三槐的经过和关于后人位列三公的期待，以及王佑子孙后代多有仁德贤能者的事实，说明王佑仁爱厚施、积善成德，因此才子孙多贤，福祚绵绵不绝。作者的『善恶之报，至于子孙』说，含有惩戒后人的良苦用心，而叙议兼行，纵横挥洒，简洁流畅的文字，又体现了作者行文的自由自在。

方山子①传（苏轼）

方山子，光、黄②间隐人③也。少时慕朱家、郭解④为人，闾里⑤之侠⑥皆宗之⑦。稍壮，折节⑧读书，欲以此驰骋当世⑨，然终不遇。晚乃遁⑩于光、黄间，曰岐亭⑪，庵居蔬食，不与世相闻。弃车马，毁冠服，徒步往来山中，人莫识也。见其所著帽，方耸⑫而高，曰：『此岂⑬古方山冠⑭之遗象⑮乎？』因谓之方山子。

余谪⑯居于黄，过岐亭，适见焉，曰：『呜呼！此吾故人陈慥季常也。何为而在此？』方山子亦矍然⑰，问余所以至此者。余告之故。俯而不答，仰而笑，呼余宿其家。环堵萧然⑱，而妻子奴婢皆有自得之意。

余既耸然异之，独念方山子少时，使酒⑲好剑⑳，用财如粪土。前十九年，余在岐山，见方山，子从两骑，挟二矢，游西山。鹊起于前，使骑逐而射之，不获。方山子怒马㉑独出，一发得之㉒。因与余马上论用兵及古今成败，自谓一时豪士。今几日耳，精悍之色犹见于眉间，而岂山中之人哉？

然方山子世有勋阀，当得官，使从事于其间，今已显闻。而其家在洛阳，园宅壮丽与公侯等。河北有田，岁得帛千匹，亦足以富乐。皆弃不取，独来穷山中㉓，此岂无得而然哉？余闻光、黄间多异人㉔，往往佯狂㉕垢污㉖，不可得而见。方山子傥㉗见之欤？

注释

①方山子：即陈慥，字季常。

②光、黄：光州、黄州，两州连界。

③隐人：隐士。

④朱家、郭解：西汉时著名游侠，见《史记·游侠列传》。

⑤闾里：乡里。

⑥侠：侠义之士。

⑦宗之：崇拜他，以他为首。宗，尊奉。

⑧折节：改变原来的志趣和行为。

⑨驰骋当世：在当代施展才学抱负。

⑩遁：遁世隐居。

⑪岐亭：宋时黄州的镇名，在今湖北麻城县西南。

⑫耸：帽顶。

⑬岂：其意为『（这）难道不是……』。

⑭方山冠：唐宋时隐士戴的帽子。

⑮遗象：犹遗制。

⑯谪：降职。

⑰矍然：惊讶睁眼相视貌。

⑱环堵萧然：用陶渊明《五柳先生传》『环堵萧然，不蔽风日』成句，谓室内空无所有。

⑲使酒：喝醉酒后爱发脾气，任性而行。

⑳好剑：好摆弄刀剑一类武器。

㉑怒马：愤怒地鞭马独自冲出去。

㉒一发得之：一箭射中它。

㉓穷山中：荒僻的山中。

㉔异人：指特立独行的隐士。

㉕佯狂：装疯。

㉖垢污：言行不屑循常蹈故，被人们认为是德行上的垢污。

㉗傥：或者。

点评

本文由『方山子』这个名称，引出传主少时尚侠义，后来弃侠义而学文，但以『终不遇』而『遁于光、黄间』之岐亭的故事，方山子其人由此对读者成了一个谜。巧的是作者被贬黄州后，偶然在路上遇见方山子，认出他原来是自己的老友陈慥。交谈中陈的低头不语和仰天而笑，陈家的环堵萧然和妻儿奴仆都怡然自乐，都极耐寻味。回想起陈慥昔日的英武，作者仍难以相信他能成为清雅的隐士，但考虑到方山子世有勋阀、富比公侯，这一切却毅然抛开，应是因为独有会心之处，才最终解决了这个疑问，最后也完成了人物形象的塑造。

六国论（苏辙）

尝读六国《世家》[1]，窃[2]怪天下之诸侯，以五倍之地，十倍之众[3]，发愤西向，以攻山西[4]千里之秦，而不免于灭亡。常为之深思远虑，以为必有可以自安之计，盖未尝不咎[5]其当时之士虑患之疏[6]，而见利之浅，且不知天下之势[7]也。

夫秦之所以与诸侯争天下者，不在齐、楚、燕、赵[8]也，而在韩、魏之郊[9]；诸侯之所与秦争天下者，不在齐、楚、燕、赵也，而在韩、魏之野。秦之有韩、魏，譬如人之有腹心之疾也。韩、魏塞[10]秦之冲[11]，而弊山东之诸侯[12]，故夫天下之所重者，莫如韩、魏也。昔者范雎[13]用于秦而收韩，商鞅[14]用于秦而收魏，昭王未得韩、魏之心，而出兵以攻齐之刚、寿，而范雎以为忧，然则秦之所忌者可以见矣。

秦之用兵于燕、赵，秦之危事也。越韩过魏，而攻人之国都，燕、赵拒之于前，而韩、魏乘[15]之于后，此危道也。而秦之攻燕、赵，未尝有韩、魏之忧，则韩、魏之附[16]秦故也。夫韩、魏诸侯之障[17]，而使秦人得出入于其间，此岂知天下之势邪！委[18]区区[19]之韩、魏，以当[20]强虎狼之秦，彼安得不折而入于秦哉？韩、魏折而入于秦，然后秦人得通其兵于东诸侯[21]，而使天下偏受其祸。夫韩、魏不能独当秦，而天下之诸侯，藉之以蔽其西，故莫如厚韩亲魏以摈[22]秦。秦人不敢逾韩、魏以窥齐、楚、燕、赵之国，而齐、楚、燕、赵之国，因得以自完[23]于其间矣。以四无事之国，佐当寇[24]之韩、魏，使韩、魏无东顾之忧，而为天下出身[25]以当秦兵；以二国委秦，而四国休息于内，以阴助其急[26]，若此，可以应夫无穷，彼秦者将何为哉！不知出此，而乃贪疆埸[27]尺寸之利，背盟败约[28]，以自相屠灭，秦兵未出，而天下诸侯已自困矣，至于秦人得伺其隙[29]以取其国，可不悲哉！

注释

①六国世家：即六国诸侯王的传记。六国，齐、楚、燕、赵、韩、魏。世家，《史记》记述诸侯王的传记称为世家（农民起义领袖陈涉、儒家创始人孔丘也被列入世家，此属例外）。

②窃：私下，用作表示个人意见的谦词。

③五倍之地、十倍之众：谓六国与秦相比，有其五倍的土地、十倍的人口。

④山西：古地区名。战国、秦、汉时期，通称崤山或华山以西为山西。这里指崤山以西。

⑤咎：怪罪。

⑥疏：粗忽。

⑦势：大势、形势。

⑧不在齐、楚、燕、赵：这四国皆远离位于西部的秦国，不与其接壤，故云。

⑨而在韩、魏之郊：韩国疆土有今山西东南部和河南中部，介于秦、楚、魏三国之间，为军事上必争之地。故云秦吞六国，首先战事当发生在『韩、魏之郊』。郊，邑外为郊野。

⑩塞：阻塞，挡住。

⑪冲：要冲，军事要道。

⑫蔽山东之诸侯：遮蔽了崤山以东的各诸侯国。

⑬范雎：字叔，战国时魏人。

⑭商鞅：也叫卫鞅，卫国贵族，公孙氏。

⑮乘：乘势攻击。

⑯附：依附。

⑰障：屏障。

⑱委：托付。

⑲区区：小，少。

⑳当：抵挡。

㉑东诸侯：山东的诸侯，这里指齐、楚、燕、赵。

㉒摈：排除。

㉓完：全，这里指保全国家的完整。

㉔寇：敌寇，侵略者，这里指秦国。

㉕出身：献身。

㉖『以二国』三句：意谓用韩、魏二国的力量共同对付秦国，齐楚燕赵四国则可在后方休养生息，并且暗地里帮助韩、魏二国的急需之物。阴助，暗中帮助。

㉗疆埸：边界。

㉘背盟败约：即背败盟约。背，背弃。败，破坏。

㉙伺其隙：窥测着六国疲困的可乘之机。

点评

本文从窃怪六国『以五倍之地，十倍之众』的绝对优势，却相继为秦所灭开始，就当时的天下之势展开论述。作者认为，秦与六国争天下，关键在韩、魏之郊野。对秦来说，韩、魏首当其冲，若韩、魏不附，乃是其腹心之疾；对山东之各诸侯国来说，韩、魏是他们理想的屏障，只要其他四国合力做韩魏的后方，秦就不可能有所作为。全文从正反两方面引例作证，又从各诸侯国着笔，阐明作者为其构想的『自安之计』。末尾笔锋一转，回到严峻的历史事实：六国决策者目光短浅，不识『天下之势』，彼此『背盟败约，以自相屠灭』，以致『秦兵未出而天下诸侯已自困矣』，从而自食恶果，相继灭亡。全文层层解剖，鞭辟入里，一气贯注，曲折尽意。

上枢密韩太尉书（苏辙）

太尉执事①：

辙生好为文，思之至深。以为文者气之所形，然文不可以学而能，气可以养而致②。孟子曰：『吾善养吾浩然之气』。今观其文章，宽厚宏博，充乎天地之间，称其气之小大。太史公行天下，周览③四海名山大川，与燕、赵间豪俊交游，故其文疏荡④，颇有奇气⑤。此二子者，岂尝执笔学为如此之文哉？其气充乎其中⑥而溢乎其貌⑦，动乎其言⑧而见乎其文⑨，而不自知也。

辙生十有九年矣。其居家所与游者，不过其邻里乡党之人；所见不过数百里之间，无高山大野可登览以自广⑩；百氏之书，虽无所不读，然皆古人之陈迹，不足以激发其志气。恐遂汩没⑪，故决然舍去，求天下奇闻壮观，以知天地之广大。过秦、汉之故都，恣观终南、嵩、华之高，北顾黄河之奔流，慨然想见古之豪杰。至京师，仰观天子宫阙之壮，与仓廪、府库、城池、苑囿之富且大也，而后知天下之巨丽⑫；见翰林欧阳公，听其议论之宏辩⑬，观其容貌之秀伟，与其门人贤士大夫游，而后知天下之文章聚乎此也。太尉以才略冠天下，天下之所恃以无忧⑭，四夷之所惮以不敢发⑮，入则周公、召公，出则方叔、召虎。而辙也未之见焉。

且夫人之学也，不志其大，虽多而何为⑯？辙之来也，于山见终南、嵩、华之高，于水见黄河之大且深，于人见欧阳公，而犹以为未见太尉也⑰。故愿得观贤人之光耀，闻一言以自壮⑱，然后可以尽天下之大观而无憾者矣。

辙年少，未能通习吏事⑲。向之来，非有取于斗升之禄⑳，偶然得之，非其所乐。然幸得赐归待选㉑，便得优游数年之间，将归益治其文，且学为政。太尉苟以为可教而辱教之㉒，又幸矣！

注释

①执事：侍从。

②文者气之所形，然文不可以学而能，气可以养而致：文章是由气形成的，然而文章不能靠学来达到好，气质却可以靠加强修养得到它。

③周览：饱览。

④疏荡：洒脱而不拘束。

⑤奇气：奇特的气概。

⑥气充乎其中：精神气质充满在他们的胸中。

⑦而溢乎其貌：洋溢在他们的外表。

⑧动乎其言：反映在他们的言辞里。

⑨而见乎其文：表现在他们的文章中。

⑩自广：扩大自己的视野。

⑪遂汩没：因而埋没。

⑫巨丽：极其美好。

⑬宏辩：宏伟善辩。

⑭以才略冠天下，天下之所恃以无忧：凭借才能谋略天下第一，全国人依靠他可以无忧无虑。

⑮四夷之所惮以不敢发：四方夷人害怕你才不敢作乱。

⑯不志其大，虽多而何为：没有立下大志，即使学得多又有什么用。

⑰而犹以为未见太尉也：却还是因为没有见到太尉（感到遗憾）。

⑱闻一言以自壮：听到你的一句话来激励自己。

⑲通习吏事：通晓官吏的业务。

⑳斗升之禄：微薄的俸禄。

㉑赐归待选：朝廷允许回乡等待朝廷的选拔。

㉒辱教之：屈尊教导我。

点评

本文是苏辙十九岁时写给当时任枢密使的韩琦的信。作者写这封信的目的，是希望得到韩琦的接见，可是一个刚考取进士的青年，求见一位掌管全国军权的大官，怎么开口下笔呢？作者先离开主旨，从作文当有养气之功谈起，以为文章是气的表现，文章虽不可以学好，气却可以养成，并引孟子和司马迁为例加以论证。接着就自身经历进一步论述养气说，列举了自己观览秦汉故都、黄河、京城，谒见了欧阳公等，也就是游览天下名山大川，广交天下的文人学士，此时才自然提出『愿得观贤人之光耀，闻一言以自壮』之意。

读来不但没有离题万里之感，而且仔细体味，前面所述，正是烘托下文。特别是篇末，从另一角度申述非求『斗升之禄』，而以『益治其文』为其志，来进一步说明求见韩琦的原因。这样的文章，在构思上是需要功力的。

黄州快哉亭记（苏辙）

江①出西陵②，始③得平地。其流奔放④肆大⑤，南合沅、湘⑥，北合汉沔⑦，其势益张⑧。至于赤壁⑨之下，波流浸灌⑩，与海相若。清河⑪张君梦得⑫，谪⑬居齐安⑭，即⑮其庐之西南为亭，以览观江流之胜⑯，而余兄子瞻名之曰『快哉』。

盖亭之所见⑰，南北百里，东西一舍⑱。涛澜汹涌，风云开阖⑲。昼则舟楫出没于其前，夜则鱼龙悲啸于其下，变化倏忽⑳，动心骇目㉑，不可久视㉒。今乃得玩之几席之上㉓，举目而足㉔。西望武昌诸山，冈陵起伏，草木行列㉕，烟消日出。渔夫樵父之舍皆可指数㉖。此其所以为『快哉』者也。至于长洲㉗之滨，故城之墟㉘，曹孟德、孙仲谋之所睥睨㉙，周瑜、陆逊之所骋骛㉚，其流风遗迹，亦足以称快世俗㉛。

昔楚襄王从宋玉、景差于兰台之宫，有风飒然至者，王披㉜襟当㉝之，曰：『快哉，此风！寡人所与庶人共者耶？』宋玉曰：『此独大王之雄风耳，庶人安得共之！』玉之言，盖有讽焉㉞。夫风无雌雄之异，而人有遇不遇之变㉟。楚王之所以为乐，与庶人之所以为忧，此则人之变也，而风何与㊱焉？士生于世，使㊲其中㊳不自得，将何往而非病？使其中坦然，不以物伤性㊴，将何适㊵而非快？

今张君不以谪为患㊶，窃㊷会计㊸之余功㊹，而自放㊺山水之间，此其中宜有以过人者。将蓬户㊻瓮牖㊼无所不快，而况乎濯㊽长江之清流，揖㊾西山之白云，穷耳目之胜㊿以自适(51)也哉！不然，连山绝壑，长林古木，振之以清风，照之以明月，此皆骚人思士之所以悲伤憔悴而不能胜者，乌(52)睹其为快也哉！

元丰六年十一月朔(53)日，赵郡(54)苏辙记。

注释

①江：长江。
②西陵：西陵峡，又名夷陵峡，长江三峡之一，在湖北宜昌西北。
③始：才。
④奔放：水势疾迅。
⑤肆大：水流阔大。肆，极，甚。
⑥沅湘：沅水（也称沅江）、湘江。
⑦汉沔：即汉水。位于长江北岸。
⑧益张：更加盛大。张，大。
⑨赤壁：赤鼻矶，现湖北黄冈城外，苏辙误以为周瑜破曹操处。

⑩浸灌：浸，灌，意思都是「注」。此处指水势浩大。
⑪清河：县名，现河北清河。
⑫张君梦得：张梦得，字怀民，苏轼友人。
⑬谪：贬官。
⑭齐安：宋代黄冈为黄州齐安郡，因称。
⑮即：就着，依着。
⑯胜：胜景，美景。
⑰亭之所见：在亭上能够看到的（范围）。所见，所看到的景象。
⑱一舍：三十里。古代行军每天走三十里宿营，叫做「一舍」。
⑲风云开阖：风云变化。意思是风云有时出现，有时消失。开，开启。阖，闭合。
⑳倏忽：顷刻之间，一瞬间，指时间短。
㉑动心骇目：指景色变化万端，能使见者心惊，并不是说景色可怕。
㉒不可久视：这是说，以前没有亭子，无休息之地，不能长久地欣赏。
㉓今乃得玩之几席之上：可以在亭中的几旁席上赏玩这些景色。几，小桌，茶几。
㉔举目而足：抬起眼来就可以看个够。

㉕草木行列：草木成行成列非常茂盛，形容草木繁荣。
㉖指数：名词作状语，用手指清点。
㉗长洲：江中长条形的沙洲或江岸。
㉘故城之墟：旧日城郭的遗址。
㉙曹孟德、孙仲谋之所睥睨：曹操（字孟德）、孙权（字仲谋）所傲视的地方。睥睨，斜视的样子，引申为傲视。
㉚周瑜、陆逊之所骋骛：周瑜、陆逊均为三国时东吴的重要将领。骋骛，犹言「驰马」，形容他们驰骋疆场。
㉛称快世俗：使世俗之人称快。称快为使动用法，使……称快。
㉜披：敞开。
㉝当：迎接。
㉞盖有讽焉：大概有讽谏的意味在里头。讽，讽喻。宋玉作《风赋》，讽楚襄王之骄奢。焉，兼词于之，在那里。
㉟人有遇不遇之变：人有遇时和不遇时的不同时候。遇，指机遇好，被重用。
㊱与：参与，引申为有何关系。
㊲使：假使。
㊳中：内心，心中。
㊴以物伤性：因外物（指环境）而影响天性（本性）。

㊵适：往，去。

㊶患：忧愁。

㊷窃：偷得，这里即『利用』之意。

㊸会计：指征收钱谷、管理财务行政等事务。

㊹余功：公事之余。

㊺自放：自适，放情。放，纵。

㊻蓬户：用蓬草编门。

㊼瓮牖：用破瓮做窗。

㊽濯：洗涤。

㊾揖：拱手行礼。这里的意思是面对（西山白云）。

㊿胜：承受。

51自适：自求安适。适，闲适。

52乌：哪里。

53朔：夏历每月初一。

54赵郡：苏辙先世为赵郡栾城（今河北赵县）人。

点评

这篇文章作于苏辙被贬官期间，当时他在政治上处于逆境。但他和其兄一样，具有一种旷达的情怀，故文章擒住题面『快哉』二字，先叙张梦得建亭之事，再释『快哉亭』命名之由，后就『快哉』二字畅发议论，称赞张梦得情怀之坦然。一篇之中而『快』字七出，极写其观赏形胜与览古之快，抒发其不以个人得失为怀的思想感情，道出了人生的一条哲理：心中坦然，无往不快。叙议结合，情景交融，风格雄放而雅致，笔势纡徐而畅达。

寄欧阳舍人书（曾巩）

巩顿首再拜，舍人先生：

去秋①人还，蒙赐书及所撰先大父②墓碑铭③。反复观诵，感与惭并④。夫铭志之著于世，义近于史，而亦有与史异者。盖史之于善恶，无所不书，而铭者，盖古之人有功德材行志义之美者，惧后世之不知，则必铭而见之⑤。或纳于庙，或存于墓，一也⑥。苟其人之恶，则于铭乎何有？此其所以与史异也。其辞之作，所以使死者无有所憾，生者得致其严⑦。而善人喜于见传⑧，则勇于自立⑨；恶人无有所纪，则以愧而惧⑩。至于通材达识，义烈节士，嘉言善状，皆见于篇，则足为后法⑪。警劝之道，非近乎史，其将安近？

及世之衰，人之子孙者，一欲⑫褒扬其亲而不本乎理⑬。故虽恶人，皆务勒铭⑭，以夸后世。立言者既莫之拒而不为，又以其子孙之所请也，书其恶焉，则人情之所不得，于是乎铭始不实。后之作铭者，当观其人。苟托之非人⑮，则书之非公与是⑯，则不足以行世而传后。故千百年来，公卿大夫至于里巷之士，莫不有铭，而传者盖少。其故非他，托之非人，书之非公与是故也。

然则孰为其人而能尽公与是欤？非畜道德而能文章者，无以为也。盖有道德者之于恶人，则不受而铭之⑰，于众人则能辨焉。而人之行，有情善而迹非⑱，有意奸而外淑⑲，有善恶相悬而不可以实指，有实大于名⑳，有名侈于实㉑。犹之用人，非畜道德者，恶㉒能辨之不惑，议之不徇？不惑㉓不徇㉔，则公且是矣。而其辞之不工，则世犹不传，于是又在其文章兼胜㉕焉。故曰，非畜道德而能文章者无以为也，岂非然哉！

然畜道德而能文章者，虽或并世而有㉖，亦或数十年或一二百年而有之。其传之难如此，其遇之难又如此。若先生之道德文章，固㉗所谓数百年而有者也。先祖之言行卓卓㉘，幸遇而得铭，其公与是，其传世行后无疑也。而世之学者，每观传记所书古人之事，至其所可感，则往往衋然㉙不知涕之流落也，况其子孙也哉？况巩也哉？其追晞㉚祖德而思所以传之之由，则知先生推一赐于巩㉛而及其三世㉜。其感与报，宜若何而图之？

抑㉝又思若巩之浅薄滞拙，而先生进之㉞，先祖之屯蹶㉟否塞㊱以死，而先生显之㊲，则世之魁闳豪杰不世出之士，其谁不愿进于门㊳？潜遁幽抑㊴之士，其谁不有望于世㊵？善谁不为，而恶谁不愧以惧？为人之父祖者，孰不欲教其子孙？为人之子孙者，孰不欲宠荣其父祖？此数美者，一归于先生。既拜赐之辱㊶，且敢㊷进其所以然。所谕㊸世族之次㊹，敢不承教而加详㊺焉？愧甚，不宣㊻。

巩再拜。

注释

① 去秋：当指庆历六年。
② 先大父：去世的祖父。指曾巩祖父曾致尧。
③ 墓碑铭：指欧阳修所作《尚书户部郎中赠右谏议大夫曾公神道碑铭》。
④ 感与惭并：感激与惭愧之情同时而来。
⑤ 铭而见之：作铭文使其显现。
⑥ 一也：用意相同。
⑦ 生者得致其严：谓活着的人能借以表示自己尊敬之情。严，尊敬。
⑧ 喜于见传：谓积善之人乐于见到自己的好处流传于世。
⑨ 勇于自立：奋发起来有所建树。
⑩ 以愧而惧：因以惭愧和畏惧。
⑪ 足为后法：足以作为后人的楷模。

⑫一欲：一心只想。

⑬不本乎理：不根据事理。

⑭皆务勒铭：都致力于刻立碑铭。

⑮非人：不适当的人。

⑯非公与是：意谓写出的铭文就不公平和不合事实。

⑰不受而铭之：不接受为他作铭的请求。

⑱情善而迹非：心情从善但表现出的事却不好。

⑲意奸而外淑：立意奸诈但却表现出善良的样子。

⑳实大于名：实际表现大于名声。

㉑名侈于实：名声超过了实际表现。侈，夸大。

㉒恶：怎么。

㉓惑：困惑、迷乱。

㉔徇：偏于私情。

㉕文章兼胜：文章也相应写得好。

㉖并世而有：同一时期出现。

㉗固：诚然、确实。

㉘卓卓：突出貌。

㉙衋然：伤痛的样子。

㉚睎：仰慕。

㉛推一赐于巩：推恩一次给我。

㉜三世：指曾巩自己以及他的父亲、祖父三代都荣受恩惠。

㉝抑：然而。

㉞进之：使之学有所进。

㉟屯蹶：困苦挫折。

㊱否塞：闭塞不通。

㊲显之：使其平生事迹得到显扬。

㊳进于门：意谓拜入您的门下。

㊴潜遁幽抑：隐逸困顿。

㊵有望于世：对于世事前途有所期待。

㊶辱：谦词，犹言承蒙。

㊷ 敢：自言冒昧之词。

㊸ 谕：谕示。旧时上告下的通称。

㊹ 世族之次：指曾氏家族的世系排列。

㊺ 加详：加以详细考查。这是曾巩对欧阳修来信论及曾氏世族一事的表态与回答。

㊻ 不宣：不一一细说。旧时书信末尾常用语。

点评

本文是一封感谢信，但起首并不言『谢』字，而是纡回曲折，慢慢道来。先论及古代撰写墓志铭的社会意义，在于褒扬美善；进而论及今之墓铭的流弊，即『不实』、『不传』；在论及流弊时，特别突出了立言人的作用，提出只有立言人『畜道德而能文章』，才能恪守『公』与『是』的原则，才能『文章兼胜好』，从而传世；既而，又言『畜道德而能文章』者，世代罕有。文章至此才推出欧阳修来，盛誉欧阳修是『畜道德而能文章行者，是固所谓数百年而有者』，并深致谢意，这才说到了感谢的正题。由远及近，从古及今，由虚及实，从泛论而及于欧阳修之身，曲径通幽，层层递进，把作者的感谢与敬佩，表达得酣畅淋漓。吴楚材、吴调侯《古文观止》说：『子固感欧公铭其祖父，寄书致谢，多推重欧公之辞。然因铭祖父而推重欧公，则推重欧公，正是归美祖父。至其文纡徐百折，转入幽深，在南丰集中，应推为第一。』

赠黎安二生序（曾巩）

赵郡苏轼①，予之同年②友也。自蜀以书至京师遗③予，称蜀之士曰黎生、安生④者。既而黎生携其文数十万言，安生携其文亦数千言，辱⑤以顾予。读其文，诚闳⑥壮隽⑦伟，善反复驰骋，穷尽事理；而其材力之放纵，若不可极者也。二生固可谓魁奇特起之士，而苏君固可谓善知人者也。

顷之⑧，黎生补⑨江陵府司法参军⑩，将行，请予言以为赠。予曰：『予之知生，既得之于心矣，乃将以言相求于外邪？』黎生曰：『生与安生之学于斯文，里之人皆笑以为迂阔⑪。今求子之言，盖将解惑于里人。』予闻之，自顾而笑。

夫世之迂阔，孰有甚于予乎？知信乎古而不知合乎世，知志乎道⑫而不知同乎俗，此予所以困于今而不自知也。世之迂阔，孰有甚于予乎？今生之迂，特以文不近俗，迂之小者耳，患为笑于里之人；若予之迂大矣，使生持吾言而归，且重得罪，庸讵⑬止于笑乎？然则若予之于生，将何言哉？谓予之迂为善，则其患若此；谓为不善，则有以合乎世，必违乎古，有以同乎俗，必离乎道矣。生其无急于解里人之惑，则于是焉，必能择而取之⑭。

遂书以赠二生，并示苏君以为何如也。

注释

① 赵郡：即赵州，治所在今河北赵县。苏轼字子瞻，号东坡。四川眉山人，祖籍是赵郡，所以作者称赵郡苏轼。

②同年：同年中考的人。
③遗：赠予。
④黎生、安生：生平不详。
⑤辱：谦词。这里是屈尊的意思。
⑥闳：宏大。
⑦隽：意味深长。
⑧顷之：不久。
⑨补：充任。
⑩司法参军：官名，掌刑法。
⑪迂阔：迂远而不切实际。
⑫道：指圣人之道，即儒家学说。
⑬庸讵：岂，难道，怎么。
⑭择而取之：指在古文与时文、道与世俗之间的选择。

点评

这是曾巩撰写给同年好友苏轼推荐的两位青年（黎生和安生）的赠序。首段叙述因好友苏轼的介绍，黎、安二生各持其文来见，作者读了他们的文章，且由文及人，认为二生确是『魁奇特起之士』。紧接着便写赠言之故，并通过关于心知与言表的问答引出了『迂阔』二字，作为言论的触发点。作者以自己宁可长期受世人嘲笑也绝不苟合世俗，以至于『困于今而不自知』的坚定态度和忘我精神为例，心平气和地劝勉对方，分析利弊，处处为二生细心着想，毫无师长训示晚辈的架子，反而使人从他为自许自叹中受到教益和鼓舞。曾巩文章纡徐百折，转入幽深，能曲尽笔意，由此就可见一斑。

读《孟尝君传》①（王安石）

世皆称孟尝君能得士，士以故归②之，而卒赖其力以脱于虎豹之秦③。嗟乎！孟尝君特鸡鸣狗盗之雄耳④，岂足以言得士？不然，擅齐之强⑤，得一士焉，宜可以南面而制秦⑥，尚何取鸡鸣狗盗之力哉？夫鸡鸣狗盗之出其门，此士之所以⑦不至也。

注释

①《孟尝君传》指司马迁《史记·孟尝君列传》。孟尝君：姓田名文，战国时齐国公子（贵族），以门客众多而著称。
②归：投奔。
③卒赖其力以脱于虎豹之秦：指孟尝君终于他人出力相助，得以从凶残的秦国逃出。卒，终于，最终。其，指门下士。虎豹之秦，像虎豹一样凶残的秦国。

④特鸡鸣狗盗之雄耳：只不过是一群鸡鸣狗盗之徒的首领罢了。特，只、仅仅。雄，长、首领。耳，罢了。
⑤擅齐之强：拥有齐国的强大国力。擅，拥有。
⑥南面而制秦：南面称王制服秦国。制，制服。
⑦所以……：……的原因。

点评

本文是一篇读后感，主旨在于翻历史的旧案，说明孟尝君不能得士。全文不足一百字，却三次出现『鸡鸣狗盗』字样，一为孟尝君定性，二说鸡鸣狗盗之不足取，三说正因鸡鸣狗盗之故，真正的士人所以不来。强劲峭拔的气势，跌宕变化的层次，雄健有力的笔调，故为我国古代有名的短篇杰作，被历代文论家誉为『文短气长』的典范。

同学一首别子固（王安石）

江之南有贤人焉，字子固，非今所谓贤人者，予慕①而友②之。淮之南有贤人焉，字正之，非今所谓贤人者，予慕而友之。二贤人者，足未尝相过③也，口未尝相语也，辞④币⑤未尝相接也。其师若友，岂尽同哉？予考⑥其言行，其不相似者，何其少也！曰：学圣人而已矣。学圣人，则其师若友，必学圣人者。圣人之言行岂有二哉？其相似也适然⑦。

予在淮南，为正之道子固，正之不予疑也；还江南，为子固道正之，子固亦以为然。予又知所谓贤人者，既相似，又相信不疑也。

子固作《怀友》一首遗予，其大略欲相扳⑧，以至乎中庸而后已。正之盖亦常云尔。夫安驱⑨徐行⑩，辅中庸之庭，而造于⑪其室，舍二贤人者而谁哉？予昔⑫非敢自必其有至也，亦愿从事于左右焉尔。辅而进之，其可也。

噫！官有守，私有系会合不可以常也，作《同学一首别子固》，以相警且相慰云。

注释

①慕：仰慕。
②友：与之交朋友，动词。
③相过：拜访，交往。
④辞：这里指书信往来。
⑤币：帛，丝织品，这里指礼品。
⑥考：考察。
⑦适然：理所当然的事情。
⑧扳：同『攀』，援引。
⑨安驱：稳稳当当地驾车。

⑩徐行：慢慢前行。

⑪造于：到达。

⑫昔：昔日。

点评

本文介绍两位贤人，即曾巩和孙侔，这两人虽然素不相识，更无交往，但因为都是学圣人的，所以彼此相似，而且深信不疑。予固还写了一篇《怀友》送给作者，互相勉励，「欲相扳以至乎中庸而后已」。到这里才点到文章的性质，原来是一篇送别友人的赠序。

此文感情真挚，言简意赅，层次分明，采用使人物互相映衬的手法，又把自己的看法融入其中，令人回味无穷。

笔法紧凑，开合有度，清人金圣叹非常欣赏此文，评论说：「此为瘦笔，而中甚腴。」

游褒禅山记（王安石）

褒禅山亦谓之华山，唐浮图①慧褒始舍于其址②，而③卒葬之；以故④其后名之曰「褒禅」。今所谓慧空禅院者，褒之庐冢⑤也。距其院东五里，所谓华山洞者，以⑥其乃华山之阳名之也。距洞百余步，有碑仆道⑦，其文⑧漫灭⑨，独其为文⑩犹可识曰「花山」。今言「华」如「华实」之「华」者，盖音谬也⑪。

其下平旷，有泉侧出⑫，而记游⑬者甚众，所谓前洞也。由山以上五六里，有穴窈然⑭，入之甚寒，问⑮其深，则其好游者不能穷⑯也，谓之后洞。余与四人拥火⑰以入，入之愈深，其进愈难，而其见⑱愈奇。有怠⑲而欲出者，曰：「不出，火且尽。」遂与之俱出。盖余所至，比好游者尚不能十一⑳，然视其左右，来而㉑记之者已少。盖其又深，则其至又加㉒少矣。方是时㉓，余之力尚足以入，火尚足以明㉔也。既㉕其出，则或咎其㉖欲出者，而余亦悔其随之，而不得极夫游之乐也。

于是㉗余有叹焉：古人之观于天地、山川、草木、虫鱼、鸟兽，往往有得㉘，以其求思之深而无不在㉙也。夫夷㉚以近，则游者众；险以远，则至者少。而世之奇伟、瑰怪、非常之观㉛，常在于险远，而人之所罕至焉，故非有志者不能至也。有志矣，不随以止也，然力不足者，亦不能至也。有志与力，而又不随以怠，至于㉜幽暗昏惑而无物以相㉝之，亦不能至也。然力足以至焉，于人㉞为可讥，而在己为有悔；尽吾志也而不能至者，可以无悔矣，其孰能讥之乎？此余之所得㉟也！

余于仆碑，又有悲夫古书之不存，后世之谬其传㊱而莫能名㊲者，何可胜道㊳也哉！此所以学者不可以不深思而慎取之也。

四人者：庐陵㊴萧君圭君玉，长乐㊵王回深父，余弟安国平父、安上纯父。

至和元年㊶七月某日，临川㊷王某记。

注释

①浮图：梵语（古印度语）音译词，也写作「浮屠」或「佛图」，本意是佛或佛教徒，这里指和尚。
②址：地基，基部，基址，这里指山脚。
③而：连词，并且。
④以故：因为（这个）缘故，译为「因此」。
⑤庐冢：指慧褒弟子在慧褒墓旁盖的屋舍。庐，屋舍。（一说指慧褒生前的屋舍。）冢，坟墓。禅院，佛寺。
⑥以：因为。
⑦仆道：「仆（于）道」的省略，倒在路旁。
⑧文：碑文，与下文「独其为文（碑上残存的文字）」的「文」不同。
⑨漫灭：指因风化剥落而模糊不清。
⑩文：文字，这里指的是碑上残存的文字。
⑪今言「华」如「华实」之「华」者，盖音谬也：汉字最初只有「华」字，没有「花」字，后来有了「花」字，「华」「花」分家，「华」才读为huá。言，说。盖，承接上文，解释原因，有「大概因为」的意思。谬：错误。
⑫侧出：从旁边涌出。
⑬记游：指在洞壁上题文留念。
⑭窈然：深远幽暗的样子。
⑮问：探究，追究。
⑯穷：穷尽。
⑰拥火：拿着火把。拥，持，拿。
⑱见：动词活用作名词，见到的景象。
⑲怠：懈怠。
⑳不能十一：不及十分之一。不能，不及，不到。
㉑而：表递进的连词，并且，而且。
㉒加：更，更加。
㉓方是时：正当这个时候。方，当，正在。是时，指决定从洞中退出的时候。
㉔明：形容词或用作动词，照明。
㉕既：已经，……以后。
㉖其：那，那些。
㉗于是：对于这种情况，因此。
㉘得：心得，收获。

㉙无不在：无所不在，没有不探索、思考的，指思考问题广泛全面。

㉚夷：平坦。

㉛观：景象，景观。

㉜至于：这里是抵达、到达的意思。

㉝相：帮助，辅助。

㉞于人：在比如人（看来）。

㉟得：心得，收获。

㊱谬其传：把那些（有关的）传说弄错。谬，使……谬误，把……弄错。

㊲莫能名：不能说出真相（一说真名）。

㊳何可胜道：怎么能说得完。胜，尽。

㊴庐陵：现在江西吉安。

㊵长乐：现在福建长乐。

㊶至和元年：公元一〇五四年。至和，宋仁宗的年号。

㊷临川：现在江西临川。

点评

此虽以游记命题，但所写重点却不在于记游，而在于写作者在游览中的心得和体会。例如写华山山名的本末时，从今人对『花山』读音之误，联想到对古籍的以讹传讹，从而指出对古籍要持『深思而慎取』的态度。这既是对当时学者的劝勉，同时也是作者自己治学态度的写照。写游览华山石洞的经过时，从『入之愈深，其进愈难，而其见愈奇』，而游者也随之越来越少的情况，进而论述了『世之奇伟、瑰怪、非常之观，常在险远』，要想看到『奇伟、瑰怪、非常之观』，就必须有一个不畏艰险，一往直前的坚强意志，同时还要具备足够的实力和可资凭借的外界条件。这种精进而又实事求是的精神，给人以有益启示和鼓舞。正如《古文观止》原编者所说：『一路俱是记游，按之却俱是论学。』

泰州海陵①县主簿许君墓志铭（王安石）

君讳平，字秉之，姓许氏。余尝谱②其世家，所谓今泰州海陵县主簿者也。君既与兄元相友爱称天下，而自少卓荦不羁，善辩说，与其兄俱以智略为当世大人所器③。宝元时，朝廷开方略之选，以④招天下异能之士，而陕西大帅范文正公⑤郑文肃公⑥争以君所为书以荐，于是得召试，为太庙斋郎，已而选泰州海陵县主簿。贵人多荐君有大才，可试以事，不宜弃之州县。君亦常慨然自许，欲有所为。然终不得一用其智能以卒。噫！其可哀也已。

士固有离世异俗，独行其意，骂讥、笑侮、困辱而不悔，彼皆无众人之求而有所待于后世者也，其龃龉⑦固宜。若夫智谋功名之士，窥时俯仰以赴势物之会，而辄不遇者，乃亦不可胜数。辩足以移万物，而穷于用说之时；谋足以夺三军，而辱于右武⑧之国，此又何说哉！嗟乎！彼有所待而不遇者，其知之矣。

君年五十九，以嘉祐某年某月某甲子葬真州之扬子县甘露乡某所之原。夫人李氏。子男瓌，不仕⑨；璋，真州司户参军；琦，太庙斋郎；琳，进士。女子五人，已嫁二人，进士周奉先、泰州泰兴县令陶舜元。

铭曰：有拔而起⑩之，莫挤而止之。呜呼许君！而已于斯，谁或使之？

注释

①海陵：州名，今江苏省泰州市。

②谱：为……做家谱。

③器：器重。

④以：来。

⑤范文正公：名仲淹，字希文，苏州吴县人，为宋名臣。

⑥郑文肃公：名戬，字天休，苏州吴县人。

⑦龃龉：这里指政治意见不合。

⑧右武：崇尚武道。

⑨不仕：不出来做官。

⑩起：使……起。

点评

这篇墓志铭写的是终身不得志的普通官吏许平，这样的选材很值得注意。文中铺写许君有大才，曾经得到范文正、郑文肃等大人物的争相举荐，自己也慨然自许，却一生终老在最初得到的普通官位上。作者以离俗独行之士和趋势窥利之士来衬托许平的遭际，提出了『辩足以移万物，而穷于用说之时；谋足以夺三军，而辱于右武之国，此又何说』的问题，发人深省。对死者后事的叙写，增强了人物的悲剧气氛，最后的铭文再次追问有人提拔而无人排挤，为什么会终生不得志的问题，使人越发悲愤和深思。全文议论较多，慷慨悲凉。

送天台陈庭学序（宋濂）

西南山水，惟川蜀最奇。然去中州万里，陆有剑阁栈道之险，水有瞿塘滟滪之虞①。跨马行篁竹间，山高者，累旬日不见其巅际。临上而俯视，绝壑万仞，杳莫测其所穷，肝胆为之掉栗②。水行，则江石悍利，波恶涡诡③，舟一失势尺寸，辄糜碎④土沉，下饱鱼鳖。其难至如此。故非仕有力者，不可以游；非材有文者，纵游无所得；非壮强者，多老死于其地。嗜⑤奇之士恨焉。

天台陈君庭学，能为诗，由中书左司掾，屡从大将北征有劳，擢⑥四川都指挥司照磨⑦，由水道至成都。成都，川蜀之要地，扬子云⑧司马相如⑨诸葛武侯⑩之所居，英雄俊杰战攻驻守之迹，诗人文士游眺⑪、饮射赋咏歌呼之所，庭学无不历览。既览必发为诗，以纪其景物时世之变，于是其诗益工。越三年，以例自免归，会予于京师；其气愈充，其语愈壮，其志意愈高；盖得于山水之助者侈⑫矣。

予甚自愧，方予少时，尝有志于出游天下，顾以学未成而不暇。及年壮方可出，而四方兵起，无所投足。逮今圣主兴而宇内定，极海之际，合为一家，而予齿益加耄⑬矣。欲如庭学之游，尚可得乎？

然吾闻古之贤士，若颜回、原宪，皆坐守陋室，蓬蒿没户，而志意常充然，有若囊括于天地者。此其故何也？得无⑭有出于山水之外者乎？庭学其试归而求焉？苟有所得，则以告予，予将不一愧而已也！

赠序的通常写法，多以对所赠人物进行劝勉为主。本文中虽有这方面的内容，但更多的是称道游览名山大川对写作上的裨益，并热情地希望陈庭学要重视提高个人的修养。在介绍人文环境时，作者列举了与川蜀有关的扬雄、司马相如、诸葛亮，则又是为了诠释『非材有文者，纵游无所得』。通篇前后呼应，浑然一体，无懈可击。全文充分表现了作者对后辈的殷切希望，真情厚谊溢于言表。

阅江楼记（宋濂）

金陵[1]为帝王之州。自六朝迄于南唐，类皆偏据一方，无以应山川之王气。逮我皇帝[2]，定鼎[3]于兹，始足以当之。由是声教所暨[4]，罔间朔南[5]；存神穆清[6]，与天同体。虽一豫一游[7]，亦可为天下后世法。京城之西北有狮子山[8]，自卢龙[9]蜿蜒而来。长江如虹贯，蟠绕其下。上以其地雄胜，诏建楼于巅，与民同游观之乐。遂锡[10]嘉名为『阅江』云。

登览之顷，万象森列，千载之秘，一旦轩露[11]。岂非天造地设，以俟大一统之君，而开千万世之伟观者欤？当风日清美，法驾[12]幸临，升其崇椒[13]，凭阑遥瞩，必悠然而动遐思。见江汉之朝宗[14]，诸侯之述职，城池之高深，关阨之严固，必曰：『此朕沐风栉雨[15]战胜攻取之所致也。』中夏[16]之广，益思有以保之。见波涛之浩荡，风帆之上下，番舶接迹而来庭，蛮琛[17]联肩而入贡，必曰：『此朕德[18]绥威服，覃[19]及外内之所及也。』四陲之远，益思所以柔[20]之。见两岸之间，四郊之上，耕人有炙肤皲足[21]之烦，农女有捋桑行馌[22]之勤，必曰：『此朕拔诸水火，而登于衽席[23]者也。』万方之民，益思有以安之。触类而思，不一而足。臣知斯楼之建，皇上所以发舒精神，因物兴感，无不寓其致治之思，奚止阅夫长江而已哉？彼临春、结绮[24]，非不华矣；齐云[25]、落星[26]，非不高矣。不过乐管弦之淫响，藏燕赵之艳姬。一旋踵间而感慨系之，臣不知其为何说也。虽然，长江发源岷山，委蛇[27]七千余里而始入海，白涌碧翻，六朝之时，往往倚之为天堑；今则南北一家，视为安流，无所事乎战争矣。然则，果谁之力欤？逢掖[28]之士，有登斯楼而阅斯江者，当思帝德如天，荡荡难名[29]，与神禹疏凿之功[30]同一罔极。忠君报上之心，其有不油然而兴者耶？

臣不敏，奉旨撰记，欲上推宵旰[31]图治之切者，勒[32]诸贞珉[33]。他若留连光景之辞，皆略而不陈，惧亵也。

注释

①金陵：今江苏南京市。
②皇帝：指明太祖朱元璋。
③定鼎：传说夏禹铸九鼎以象征九州，历商周，都作为传国重器置于国都，后因称定都或建立王朝为定鼎。
④暨：至。
⑤罔间朔南：不分北南。

⑥穆清：指天。

⑦一豫一游：谓巡游。

⑧狮子山：晋时名卢龙山，明初，因其形似狻猊，改名为狮子山。

⑨卢龙：卢龙山，在今江苏江宁县西北。

⑩锡：赐。

⑪轩露：显露。

⑫法驾：皇帝的车驾。

⑬崇椒：高高的山顶。

⑭江汉之朝宗：《尚书·禹贡》「江汉朝宗于海。」意谓江汉等大川以海为宗。

⑮沐风栉雨：即「栉风沐雨」。风梳发，雨洗头，形容奔波的辛劳。

⑯中夏：这里指全国。

⑰琛：珍宝。

⑱德绥：用德安抚。

⑲覃：延。

⑳柔：怀柔。

㉑皲足：冻裂脚上的皮肤。

㉒行馌：为田里耕作的农夫送饭。

㉓衽席：卧席。意谓有寝息之所。

㉔临春、结绮：南朝陈后主所建之阁。

㉕齐云：唐曹恭王所建之楼。明太祖朱元璋克平江，执张士诚，其群妾焚死于此楼。

㉖落星：吴嘉禾元年，天桂林苑落星山起三层楼，名曰落星楼。

㉗委蛇：亦作「逶迤」，连绵曲折。

㉘逢掖：宽袖之衣，古代儒者所服，因用作士人的代称。

㉙荡荡难名：《论语·泰伯》「巍巍乎！唯天为大，唯尧则之。荡荡乎！民无能名焉。」

㉚神禹疏凿之功：指夏禹治水之功。

㉛宵旰：即「宵衣旰食」，指勤于政务，早起晚食。

㉜勒：刻。

㉝贞珉：指碑石。

点评

文章不做一味的奉迎，在歌功颂德的同时，也意存讽劝。登上阅江楼，览「中夏之广，益思有以保之」；见「四陲之远，益思所以柔之』；见『万方之民，益思有以安之』。就是登览中处处想着国家社稷人民，即『无不寓其致治之思，奚止阅夫长江而已』。至于那些『留连光景之辞，皆略而不陈』。文章确实写得庄重典雅，委婉含蓄，是一篇颇具时代特色而又有分寸的应制文字。全文有叙有议，骈散兼备，读起来铿锵有力，颇具音韵美。

司马季主论卜（刘基）

东陵侯①既废，过司马季主②而卜焉。季主曰：『君侯何卜也？』东陵侯曰：『久卧者思起，久蛰者思启③，久懑④者思嚏。吾闻之：「蓄极则泄，闷极则达，热极则风，壅极则通。一冬一春，靡⑤屈不伸；一起一伏，无往不复。」仆⑥窃有疑，愿受教焉。』季主曰：『若是，则君侯已喻⑦之矣，又何卜为？』东陵侯曰：『仆未究其奥也，愿先生卒教之。』季主乃言曰：『呜呼！天道⑧何亲？惟德之亲；鬼神何灵？因人而灵。夫蓍⑨，枯草也；龟⑩，枯骨也，物也。人，灵于物者也，何不自听而听于物乎？且君侯何不思昔者也！有昔者必有今日。是故碎瓦颓垣，昔日之歌楼舞馆也；荒榛⑪断梗，昔日之琼蕤⑫玉树也；露蚕风蝉，昔日之凤笙龙笛⑬也；鬼磷⑭萤火，昔日之金缸⑮华烛也；秋荼⑯春荠⑰，昔日之象白⑱驼峰也；丹枫白荻⑲，昔日之蜀锦齐纨⑳也。昔日之所无，今日有之不为过；昔日之所有，今日无之不为不足。是故一昼一夜，华㉑开者谢；一春一秋，物故者新。激湍之下必有深潭，高丘之下必有浚谷。君侯亦知之矣，何以卜为！』

注释

①东陵侯：秦人邵平曾被封为东陵侯。
②司马季主：西汉初年人，以占卜闻名。
③启：开，出来。
④懑：闷。
⑤靡：无，没有。
⑥仆：自称谦词。
⑦喻：明了，明白。
⑧天道：上天的意志。
⑨蓍：草名，古人用其茎进行占卜。
⑩龟：即龟甲，亦为古人占卜之用具。
⑪榛：树丛。
⑫蕤：原意为花朵下垂貌，这里指花朵。
⑬凤笙龙笛：并为乐器名。因像龙凤之形或饰有龙凤彩绘，故称。这里指悦耳的音乐。
⑭鬼磷：即磷火。夜间火焰呈淡绿色，旧时人有的认为它是鬼火。

⑮金缸：金属容器，古时用来作灯照明。
⑯荼：菜名，味苦。
⑰荠：菜名，味甘。
⑱象白：即象鼻。白，古「鼻」字。
⑲荻：草名，其花白色，故称白荻。
⑳蜀锦齐纨：指四川出产的锦和山东出产的纨。纨，绢。
㉑华：花。

点评

这是一篇颇左右而言他的文章，表面是讲「升沉应已定，不必问君平」，实际却是讲元代末年的种种腐败都是从前胡作非为恶性发展的结果。全文纯系对话，一气呵成。对话多用比喻，警辟生动，具有浓郁的哲理意味，具有较为深刻、启人心性的思想，但其中深沉的感慨与难以排遣的牢骚还是明显可感的。

卖柑者言（刘基）

杭有卖果者，善藏柑，涉①寒暑不溃②。出之烨然③，玉④质而金色。置于市，贾⑤十倍，人争鬻⑥之。予贸⑦得其一，剖之，如有烟扑口鼻，视其中，则干若⑧败絮⑨。予怪而问之曰：「若⑩所市于人者，将以实⑪笾豆⑫，奉祭祀，供宾客乎？将衒⑬外以惑⑭愚瞽⑮乎？甚矣哉，为⑯欺⑰也！」

卖者笑曰：「吾业⑱是有年矣，吾赖⑲是以食⑳吾躯。吾售之，人取之，未尝有言，而独不足子所乎？世之为欺者不寡矣，而独我也乎？吾子未之思也。今夫㉑佩虎符㉒、坐皋比㉓者，洸洸㉔乎干城之具㉕也，果能授孙、吴㉖之略耶？峨㉗大冠、拖长绅㉘者，昂昂㉙乎庙堂之器㉚也，果能建伊、皋㉛之业耶？盗起而不知御，民困而不知救，吏奸而不知禁，法斁㉜而不知理，坐㉝縻㉞廪粟㉟而不知耻。观其坐高堂，骑大马，醉醇醴而饫㊱肥鲜者，孰不巍巍㊲乎可畏，赫赫㊳乎可象㊴也？又何往而不金玉其外，败絮其中㊵也哉？今子是之不察，而以察吾柑！」

予默默无以应。退而思其言，类㊶东方生㊷滑稽之流。岂其愤世疾邪者耶？而托㊸于柑以讽耶？

注释

①涉：经过，经历。
②溃：腐烂，腐败。
③烨然：光彩鲜明的样子。
④玉：像玉石一样。
⑤贾：同「价」，价钱。
⑥鬻：这里是买的意思。

⑦贸：买卖，这里是买的意思。
⑧若：像。
⑨败絮：破败的棉絮。
⑩若：你。
⑪实：填满，装满。
⑫笾豆：古代祭祀时盛祭品用的两种器具。笾，竹制的食器。豆，木制、陶制或铜制的食器。
⑬衒：炫耀，夸耀。
⑭惑：迷惑，欺骗。
⑮愚瞽：愚蠢的人和瞎子。瞽，瞎子。
⑯为：做。
⑰欺：欺骗人的事。
⑱业：以……为职业。
⑲赖：依赖，依靠。
⑳食：同「饲」，这里有供养、养活的意思。
㉑夫：那些。

㉒虎符：虎形的兵符，古代调兵用的凭证。
㉓皋比：虎皮，指将军的坐席。比，通「皮」，毛皮。
㉔洸洸：威武的样子。
㉕干城之具：捍卫国家的将才。干，盾牌，文中意为捍卫。干和城都用以防御。具，将才。
㉖孙、吴：指古代著名军事家孙武和吴起。
㉗峨：高，这里名词作动词用，指高戴。
㉘拖长绅：拖着长长的腰带。绅，古代士大夫束在外衣上的带子。
㉙昂昂：器宇轩昂的样子。
㉚器：才能，本领，这里指「有才能的人」。
㉛伊、皋：指古代著名政治家伊尹和皋陶。
㉜斁：败坏。
㉝坐：白白地。
㉞糜：通「靡」，浪费。
㉟廪粟：国家发的俸米。
㊱饫：饱食。

㊲巍巍：高大的样子。
㊳赫赫：显赫的样子。
㊴象：模仿。
㊵金玉其外，败絮其中：比喻外表华美，内质破败。
㊶类：像。
㊷东方生：指东方朔。汉武帝时曾任太中大夫，性格诙谐，善于讽谏。
㊸托：假托。

点评

本文是一篇寓言体散文，假托卖柑者的一席话，以形象、贴切的比喻，揭示了当时盗贼蜂起，官吏贪污，法制败坏，民不聊生的社会现实，有力地讽刺了那些冠冕堂皇、声威显赫的达官贵人们本质上都是『金玉其外，败絮其中』的欺世盗名的人物。从而有力地抨击了元末统治者及统治集团的腐朽无能，以及社会当下的黑暗，抒发了作者愤世嫉俗的情感。

深虑论（方孝孺）

虑天下者，常图其所难而忽其所易，备其所可畏而遗其所不疑。然而，祸常发于所忽之中，而乱常起于不足疑之事。岂其虑之未周与？盖虑之所能及者，人事之宜然，而出于智力之所不及者，天道也。

当秦之世，而灭诸侯①，一天下。而其心以为周之亡在乎诸侯之强耳，变封建②而为郡县③，方以为兵革不可复用，天子之位可以世守，而不知汉帝起陇亩之中④，而卒亡秦之社稷。汉惩秦之孤立，于是大建庶孽⑤而为诸侯，以为同姓之亲，可以相继而无变，而七国⑥萌篡弑之谋。武⑦、宣以后，稍削析之而分其势，以为无事矣，而王莽⑧卒移汉祚⑨。光武⑩之惩哀、平⑪，魏之惩汉，晋⑫之惩魏，各惩其所由亡而为之备。而其亡也，盖出于所备之外。唐太宗⑬闻武氏之杀其子孙，求人于疑似之际而除之，而武氏⑭日侍其左右而不悟。宋太祖⑮见五代方镇⑯之足以制其君，尽释其兵权，使力弱而易制，而不知子孙卒困于敌国。此其人皆有出人之智、盖世之才，其于治乱存亡之几，思之详而备之审矣。虑切于此而祸兴于彼，终至乱亡者，何哉？盖智可以谋人，而不可以谋天。

良医之子，多死于病；良巫之子，多死于鬼。岂工于活人，而拙于活己之子哉？乃工于谋人，而拙于谋天也。古之圣人，知天下后世之变，非智虑之所能周，非法术之所能制，不敢肆其私谋诡计，而唯积至诚，用大德以结乎天心，使天眷其德，若慈母之保赤子而不忍释。故其子孙，虽有至愚不肖者足以亡国，而天卒不忍遽亡之。此虑之远者也。夫苟不能自结于天，而欲以区区之智笼络当世之务，而必后世之无危亡，此理之所必无者，而岂天道哉！

注释

①灭诸侯：指秦先后灭韩、魏、楚、赵、燕、齐六国。

②封建：指自周以来的分封制。

③郡县：秦统一中国后，实行中央集权制，将全国分为三十六郡，郡下设县，郡县长官，均由中央任免。

④汉帝起陇亩之中：指汉高祖刘邦出身农民家庭。陇，田垄。

⑤建庶孽：指汉高祖即位后大封同姓诸侯王。

⑥七国：指汉高祖所分封的吴、楚、赵、胶东、胶西、济南、临淄七个同姓诸侯王。

⑦篡弑之谋：汉景帝在位时，吴王刘濞为首的七国，以诛晁错为名，举兵叛乱。

⑧王莽：西汉末年外戚，逐渐掌权后称帝，于公元九年改国号为新。

⑨祚：皇位。

⑩光武：东汉光武帝刘秀。

⑪哀、平：西汉末年的哀帝刘欣、平帝刘衎。

⑫晋：指西晋。

⑬唐太宗：李世民。

⑭武氏：指武则天，她十四岁被唐太宗选入宫中为才人。高宗时立为皇后，参预朝政。中宗即位，临朝称制。次年废中宗，立睿宗。

载初元年（六八九年）又废睿宗，自称圣神皇帝，改国号为周。

⑮宋太祖：赵匡胤，宋朝开国皇帝。

⑯五代方镇：指唐代以后五代的后梁朱全忠、后唐李存勖、后晋石敬瑭、后汉刘知远、后周郭威等拥有兵权的藩镇。

点评

本文列举历代兴亡的史实，指出历代君王仅仅片面地吸取前代灭亡的教训而忽略了另外一些被掩盖的问题，但却将原因归结为非人智能所虑及的天意。论证『祸常发于所忽之中，而乱常起于不足疑之事』，目的在于给明代统治者提供历史教训，使之『深虑』长治久安的道理，并采取相应的办法。

由于思想上的局限性，作者对『天道』的理解还带有一定的宿命论的色彩。『不可以谋天』的提法实际上就是『谋事在人，成事在天』、『尽人事以听天命』的消极态度。

豫让[1]论（方孝孺）

士君子立身事主，既名[2]知己[3]，则当竭尽智谋，忠告善道[4]，销患于未形，保治于未然[5]，俾[6]身全而主安。生为名臣，死为上鬼，垂光[7]百世，照耀简策[8]，斯为美也。苟遇知己，不能扶危于未乱之先，而乃捐躯殒命于既败之后；钓名沽誉[9]，眩世骇俗[10]，由君子观之，皆所不取也。

盖尝因而论之：豫让臣事[11]智伯[12]，及赵襄子[13]杀智伯，让为之报仇。声名烈烈[14]，虽愚夫愚妇[15]

莫不知其为忠臣义士也。呜呼！让之死固忠矣，惜乎处死之道有未忠者存焉——何也？观其漆身吞炭，谓其友曰：『凡吾所为者极难，将以愧⑯天下后世之为人臣而怀二心者也。』谓非忠可乎？及观其斩衣三跃，襄子责以不死于中行氏⑰，而独死于智伯。让应曰：『中行氏以众人待我，我故以众人报之；智伯以国士待我，我故以国士报之。』即此而论，让有余憾矣。

段规⑱之事韩康⑲，任章⑳之事魏献㉑，未闻以国士待之也；而规也章也，力劝其主从智伯之请，与之地以骄其志，而速其亡也。郄疵㉒之事智伯，亦未尝以国士待之也；而疵能察韩、魏之情以谏智伯。虽不用其言以至灭亡，而疵之智谋忠告，已无愧于心也。

让既自谓智伯待以国士矣，国士——济国之上也。当伯请地㉓无厌㉔之日，纵欲荒暴之时，为让者正宜㉕陈力就列㉖，谆谆然㉗而告之曰：『诸侯大夫各安分地，无相侵夺，古之制也。今无故而取地于人，人不与，而吾之忿心必生；与之，则吾之骄心以起。忿必争，争必败；骄必傲，傲必亡』。谆切恳至，谏不从，再谏之，再谏不从，三谏之。三谏不从，移其伏剑㉘之死，死于是日。伯虽顽冥不灵，感其至诚，庶几㉙复悟。和韩、魏，释赵围，保全智宗，守其祭祀。若然，则让虽死犹生也，岂不胜于斩衣而死㉚乎？让于此时，曾无一语开悟主心，视伯之危亡，犹越人视秦人之肥瘠㉛也。袖手旁观，坐待成败，国士之报，曾㉜若是乎？智伯既死，而乃不胜㉝血气㉞之悻悻㉟，甘自附于刺客之流。何足道哉，何足道哉！虽然，以国士而论，豫让固㊱不足以当㊲矣；彼朝为仇敌，暮为君臣，腆然㊳而自得者，又让之罪人也。噫！

注释

① 豫让：战国晋人，生卒年不详，为晋智瑶（即智伯）的家臣，赵、韩、魏共灭智氏后，曾入赵襄子宫中刺杀襄子，被俘获。后豫让改名换姓，以漆涂身，吞炭使自己变哑，改变形象，谋刺赵襄子，又被捕，伏诛前，求得赵襄子衣服，拔剑三跃呼天击之，遂自杀。事见《战国策·赵策一》。

② 名：声称，称说。

③ 知己：谓了解、赏识自己。

④ 善道：善加诱导。

⑤ 销患于未形，保治于未然：此二句谓在祸患尚未形成时就消除它，在天下尚未安定时进行治理。销患，消除祸患。未形，指祸患还没有形成。保治，进行治理以使安定。未然，未能如此。

⑥ 俾：使。

⑦ 垂光：比喻流传美名。

⑧ 简策：即简册，本指编连的竹简，后代指史籍。

⑨ 钓名沽誉：即沽名钓誉，谓有意做作或用某种手段猎取名誉。

⑩ 眩世骇俗：谓欺骗、迷惑世俗。眩，欺编。骇，夸惑。

⑪臣事：以为臣的道理和本分来事奉。

⑫智伯：春秋时晋卿，亦作知伯。名智瑶，亦作知瑶。

⑬赵襄子：春秋时晋大夫，名赵无恤，晋的执政大臣。

⑭烈烈：形容显著貌。

⑮愚夫愚妇：泛指普通老百姓。

⑯愧：使动用法，使之惭愧。

⑰中行氏：此指晋卿荀寅，晋顷公时为下卿，后奔齐，卒谥文。

⑱段规：战国时韩人。

⑲韩康：韩康子。

⑳任章：春秋战国时魏国人，曾为灭晋出谋划策。

㉑魏献：春秋战国时晋国的卿，名魏驹，一称桓子。

㉒郄疵：春秋战国时晋人。

㉓请地：要求割地。

㉔无厌：没有满足。

㉕宜：应该。

㉖陈力就列：谓在自己所任职位上恪尽职守。

㉗谆谆然：形容忠诚恳切貌。

㉘伏剑：以剑自刎。

㉙庶几：犹或许，也许。

㉚斩衣而死：赵襄子出外，豫让暗伏桥下，谋刺赵襄子，没有成功。被捕后，求得赵襄子衣服，『拔剑三跃，呼天击之』，然后自杀。

㉛肥瘠：即胖瘦。

㉜曾：竟然。

㉝不胜：不克制。

㉞血气：指感情。

㉟悻悻：形容刚愎自傲貌。

㊱固：原本。

㊲当：充当，担任。

㊳腆然：形容厚颜貌。

点评

战国时的豫让因为舍身为主报仇而被视为忠义之士，历来为人所颂扬。作者做翻案文章，认为身为智伯所倚重的称道，即所谓的小忠小义。

本文开头先泛论『士君子立身事主』的要求，并未直接提到豫让。第二段中把豫让的言行进行了简短的概括，并作出了初步评价。第三段才是全文的重点，作者不但论证了豫让之死为不足取，而又为其设计了一整套的对智伯进行规劝的方案，可称周到之至。结尾时又做了一点补充，使得全文更加浑然一体，令人心服口服。

亲政①篇（王鏊）

《易》②之『泰③』曰：『上下交而其志同。』其『否』④曰：『上下不交而天下无邦。』盖上之情达于下，下之情达于上，上下一体，所以为『泰』；下之情壅阏⑤而不得上闻，上下间隔，虽有国而无国矣，所以为『否』也。

交则泰，不交则否，自古皆然。而不交之弊，未有如近世之甚者。君臣相见，止于视朝⑥数刻⑦；上下之间，章奏批答相关接，刑名法度相维持而已。非独沿袭故事，亦其地势使然。何也？国家常朝于奉天门⑧，未尝一日废，可谓勤矣，然堂陛悬绝⑨，威仪赫奕，御史纠仪⑩，鸿胪⑪举不如法，通政司⑫引奏，上特视之，谢恩见辞，惴惴而退。上何尝治一事，下何尝进一言哉！此无他，地势悬绝，所谓堂上远于万里，虽欲言无由言也。

愚以为欲上下之交，莫若复古内朝之法。盖周之时有三朝：库门⑬之外为正朝，询谋大臣在焉；路门⑭之外为治朝，日视朝在焉；路门之内曰内朝，亦曰燕朝。《玉藻》⑮云：『君日出而视朝，退适路寝⑯听政。』盖视朝而见群臣，所以正上下之分；听政而适路寝，所以通远近之情。汉制：大司马⑰、左右前后将军⑱、侍中、散骑⑲、诸吏为中朝；丞相以下至六百石⑳为外朝。唐皇城之北，南三门曰承天元正、冬至，受万国之朝贡，则御焉，盖古之外朝也；其北曰太极门，其西曰太极殿，朔望㉑则坐而视朝盖古之正朝也；又北曰两仪殿，常日听朝而视事，盖古之内朝也。宋时常朝则文德殿，五日一起居㉒则垂拱殿，正旦、冬至、圣节称贺则大庆殿，赐宴则紫宸殿或集英殿，试进士则崇政殿。侍从以下，五日一员上殿，谓之轮对，则必入陈时政利害；内殿引见，亦或赐坐，或免穿靴。盖亦有三朝之遗意焉。盖天有三垣㉓，天子象之：正朝，象太极也；外朝，象天市也；内朝，象紫微也。自古然矣。

国朝圣节、正旦、冬至大朝会，则奉天殿，即古之正朝也；常日则奉天门，即古之外朝也；而内朝独缺然非缺也，华盖、谨身、武英等殿，岂非内朝之遗制乎？洪武㉔中，如宋濂、刘基㉕，永乐㉖以来，如杨士奇杨荣等，日侍左右；大臣蹇义、夏元吉㉗等，常奏对便殿。于斯时也，岂有壅隔之患哉？今内朝未复，临御常朝之后，人臣无复进见；三殿高閟㉘，鲜或窥焉。故上下之情，壅而不通，天下之弊，由是而积。孝宗㉙晚年，深有慨于斯，屡召大臣于便殿，讲论天下事。方将有为，而民之无禄㉚，不及睹至治之美，天下至今以为恨矣。

惟陛下远法圣祖，近法孝宗，尽铲近世壅隔之弊。常朝之外，即文华、武英二殿，仿古内朝之意：大臣三日或五日，一次起居；侍从、台谏各一员，上殿轮对；诸司有事咨决，上据所见决之，有难决者，与大臣面议之。不时引见群臣，凡谢恩辞见之类，皆得上殿陈奏；虚心而问之，和颜色而道之。如此，人人得以自尽㉛；陛下虽深居九重，而天下之事灿然毕陈于前。外朝所以正上下之分，内朝所以通远近之情。如此，岂有近时壅隔之弊哉？唐虞㉜之时，明目达聪，嘉言罔伏㉝，野无遗贤，亦不过是而已！

注释

① 亲政：皇帝亲自执政。

② 《易》：《易经》，古代占卜用书，后为儒家经典之一。

③ 《泰》：卦名，《易经》六十四卦之一。

④ 《否》：卦名，《易经》六十四卦之一。

⑤ 壅阏：阻塞，堵住。

⑥ 视朝：君王临朝。

⑦ 数刻：刻，古代计时单位，一昼夜为一百刻，数刻指时间极短。

⑧ 奉天门：北京故宫的太和门。

⑨ 堂陛悬绝：皇帝在殿堂上，臣子跪在台阶下，两者地位相差悬殊。

⑩ 御史纠仪：封建王朝的御史官，上朝时监督纠举臣子不合礼仪的动作。

⑪ 鸿胪：鸿胪寺的官员，负责朝会、祭祀等礼仪工作，相当于宫廷的司仪官。

⑫ 通政司：明朝始设的负责收转内外奏章的机构。这里指通政司的官吏通政使。

⑬ 库门：古代传说天子有五门，库门是比较靠外的一个门。

⑭ 路门：古代天子宫廷中最里面的一个门。

⑮ 《玉藻》：《礼记》中的一个篇名，它记载天子及贵族的生活规程。

⑯ 路寝：路门内的宫室，是君王处理政事的处所，也叫『燕寝』。

⑰ 大司马：汉代官名，主管全国军事。

⑱ 左右前后将军：四种武官。

⑲ 侍中、散骑：官名，都是汉代皇帝的近臣。

⑳ 丞相以下至六百石：指政府各级官员。六百石是汉制官员的俸禄。汉代二千石以上为高级官员，六百石指一般官员。

㉑ 朔望：农历每月初一和十五。

㉒ 起居：请安、问好。

㉓ 三垣：古代天文术语。

㉔ 洪武：明太祖朱元璋年号共三十一年。

㉕宋濂、刘基：均是明太祖的开国功臣。

㉖永乐：明成祖朱棣年号共二十二年。

㉗杨士奇、杨荣、蹇义、夏元吉：都是永乐以来成祖、仁宗、宣宗等朝的高官。

㉘高閟：高大、幽深。鲜或窥焉：很少有人看到里面。

㉙孝宗：朱祐樘，年号弘治（一四八八—一五〇五）在位共十八年。

㉚无禄：同『不禄』，无福，不幸。

㉛自尽：把自己的意见全部说出。

㉜唐虞：唐尧、虞舜。

㉝明目达聪，嘉言罔伏：眼睛明亮，耳朵灵敏，正确的意见从不被埋没。

点评

本文是王鏊在明世宗即位后所作的一篇奏疏，中心论点在于『亲政』二字，即希望世宗皇帝仿效古今圣贤，亲自处理政事，并与大臣商议，沟通上下意见。所论有鉴于明朝自英宗以来皇帝很少亲身过问政事，致使大权旁落宦官的政治现实，反映了作者的政治远见。作者善于引经据典，对古代内朝制度与亲政之关系能条分缕析，指明纠正朝政时弊的方法、措施，鼓舞皇帝亲政的信心，并展示出时弊纠正后的美好前景，对现实政治有劝惩，对世宗皇帝的颂扬中寄寓期望，内容十分充实，态度十分鲜明，议论也十分允当，语言朴实无华，极有说服力。

尊经阁记（王守仁）

经①，常道也。其在于天，谓之命；其赋于人，谓之性。其主于身，谓之心。心也，性也，命也，一也。

通人物，达四海，塞天地，亘②古今，无有乎弗具，无有乎弗同，无有乎或变者也，是常道也。其应乎感也，则为恻隐，为羞恶，为辞让，为是非；其见于事也，则为父子之亲，为君臣之义，为夫妇之别，为长幼之序，为朋友之信。是恻隐也，羞恶也，辞让也，是非也，是亲也，义也，序也，别也，信也，一也。皆所谓心也，性也，命也。

通人物，达四海，塞天地，亘古今，无有乎弗具，无有乎弗同，无有乎或变者也，是常道也。以言其阴阳消息之行焉，则谓之《易》；以言其纪纲政事之施焉，则谓之《书》；以言其歌咏性情之发焉，则谓之《诗》；以言其条理节文之著焉，则谓之《礼》；以言其欣喜和平之生焉，则谓之《乐》；以言其诚伪邪正之辨焉，则谓之《春秋》。是阴阳消息之行也，以至于诚伪邪正之辨也，一也，皆所谓心也，性也，命也。

通人物，达四海，塞天地，亘古今，无有乎弗具，无有乎弗同，无有乎或变者也。夫是之谓六经。六经者非他，吾心之常道也。是故《易》也者，志吾心之阴阳消息者也；《书》也者，志③吾心之纪纲政事者也；《诗》也者，志吾心之歌咏性情者也；《礼》也者，志吾心之条理节文者也；《乐》也者，志吾心之欣喜和平者也；《春秋》也者，志吾心之诚伪邪正者也。君子之于六经也，求之吾心之阴阳消息而时行焉，所以尊《易》也；求之吾心之纪纲政事而时施焉，所以尊《书》也；求之吾心之歌咏性情而时发焉，所以尊《诗》也；求之吾心之条理节文而时着焉，所以尊《礼》也；求之吾心之欣喜和平而时生焉，所以尊『乐』也；求之吾心之诚伪邪正而时辨焉，所以尊《春秋》也。

盖昔圣人之扶人极④，忧后世，而述六经也，犹之富家者支父祖，虑其产业库藏之积，其子孙者，或至于遗忘散失，卒困穷而无以自全也，而记籍⑤其家之所有以贻之，使之世守其产业库藏之积而享用焉，以免于困穷之患。故六经者，吾心之记籍也，而六经之实，则具于吾心。犹之产业库藏之实积，种种色色，具存于其家，其记籍者，特⑥名状数目而已。而世之学者，不知求六经之实于吾心，而徒考索于影响之间，牵制于文义之末，硁硁⑦然以为是六经矣。是犹富家之子孙，不务守视享用其产业库藏之实积，日遗忘散失，至为窭人丐夫，而犹嚣嚣然指其记籍曰：『斯吾产业库藏之积也！』何以异于是？

呜呼！六经之学，其不明于世，非一朝一夕之故矣。尚功利，崇邪说，是谓乱经；习训诂⑧，传记诵，没溺于浅闻小见，以涂⑨天下之耳目，是谓侮经；侈淫辞，竞诡辩，饰奸心盗行，逐世垄断，而犹自以为通经，是谓贼⑩经。若是者，是并其所谓记籍者，而割裂弃毁之矣，宁复之所以为尊经也乎？

越城⑪旧有稽山书院⑫，在卧龙西冈，荒废久矣。郡守⑬渭南南君大吉⑭，既敷政⑮于民，则慨然悼末学之支离，将进之以圣贤之道，于是使山阴⑯。另吴君瀛拓书院而一新之，又为尊经阁于其后，曰：『经正则庶民兴；庶民兴，斯无邪慝矣。』阁成，请予一言，以谂⑰多士，予既不获辞，则为记之若是。呜呼！世之学者，得吾说而求诸其心焉，则亦庶乎知所以为尊经也矣。

注释

①经：六经，《易经》《书经》《诗经》《礼记》《乐经》《春秋》六部。

②亘：贯通。

③志：记。

④人极：人世间的道德规范。

⑤记籍：登记用的簿子。名词作动词用。

⑥特：只，不过。

⑦硁硁：固执，浅陋的样子。

⑧训诂：对文字字义解释。

⑨涂：蒙蔽。

⑩贼：伤残，残害。

⑪越城：浙江绍兴。

⑫稽山书院：宋代在稽山越王城遗址建造的书院。

⑬郡守：绍兴知府。

⑭ 南大吉：字元善，陕西渭南人。

⑮ 敷政：施政。

⑯ 山阴：绍兴。

⑰ 谂：规劝。

点评

本文名为尊经阁作记，实际上只有结尾一段，用极为概括的语言涉及这个阁的有关方面，绝大部分篇幅都是在阐述作者的哲学思想，即『心外无物』的世界观。可以说，本文是浓缩了的王阳明学说的全貌。

论证层层深入，正反论据互见，是全文的一大特点。在行文上，全文多用排比句，而且是同一句式多次出现。如第二、三、四段的开头都是这几句话：『通人物，达四海，塞天地，亘古今，无有乎弗具，无有乎弗同，无有乎或变者也。』表面看起来似乎是重复，实际上这是作者所要强调的内容。同时，这种手法在结构上还起到了加固作用，把这几个段落牢牢地结合成为一个整体。此外，在比喻的运用上，在用词的灵活多变上，都显现出作者一定的功底。

象祠记（王守仁）

灵，博之山，有象祠①焉。其下诸苗夷之居者，咸神而祠之。宣慰安君，因诸苗夷之请，新其祠屋，而请记于予。予曰：『毁之乎，其新之也？』曰：『新之。』『新之也，何居乎？』曰：『斯祠之肇也，盖莫知其原。然吾诸蛮夷之居是者，自吾父、吾祖溯曾高而上，皆尊奉而禋祀焉，举而不敢废也。』予曰：『胡然乎？有鼻②之祀，唐之人盖尝毁之。象之道，以为子则不孝，以为弟则傲。斥于唐，而犹存于今；坏于有鼻，而犹盛于兹土也，胡然乎？我知之矣。』

君子之爱若人也，推及于其屋之乌，而况于圣人之弟乎哉？然则祀者为舜，非为象也。意象之死，其在干羽既格之后乎？不然，古之骜桀③者岂少哉？而象之祠独延于世，吾于是盖有以见舜德之至，入人之深，而流泽之远且久也。

象之不仁，盖其始焉耳，又乌知其终之不见化于舜也？《书》不云乎：『克谐以孝，烝烝④乂⑤，不格奸。』瞽瞍⑥亦允若，则已化而为慈父。象犹不弟⑦，不可以为谐。进治于善，则不至于恶；不底于奸，则必入于善。信乎，象盖已化于舜矣！《孟子》曰：『天子使吏治其国，象不得以有为也。』斯盖舜爱象之深而虑之详，所以扶持辅导之者之周也。不然，周公之圣，而管、蔡不免焉。斯可以见象之既化于舜，故能任贤使能而安于其位，泽加于其民，既死而人怀之也。诸侯之卿，命于天子，盖《周官》之制，其殆仿于舜之封象欤？

吾于是盖有以信人性之善，天下无不可化之人也。然则唐人之毁之也，据象之始也；今之诸苗之奉之也，承象之终也。斯义也，吾将以表于世，使知人之不善，虽若象焉，犹可以改；而君子之修德，及其至也，虽若象之不仁，而犹可以化之也。』

注释

①象祠：象的祠庙。象，人名，传说中虞舜的弟弟。

②有鼻：古地名，在今湖南道县境内。

③骜桀：凶暴乖戾而不驯服。

④烝烝：美盛貌。

⑤乂：治理。

⑥瞽瞍：舜父名。

⑦弟：同「悌」。

点评

象祠，为纪念虞舜的同父异母弟象而修建的祠堂。古代传说，象在其母怂恿下，曾多次谋害舜，皆未得逞。其后，象被舜所感化。舜即位后，封象为有鼻国国君（其领地在今湖南道县北）。象是一个被否定的人物，唐代时，道州刺史就曾毁掉当地的象祠。不过，王守仁认为「天下无不可化之人」，象之所以最后受到感化，正说明舜的伟大，从而说明君子修德的重要性。这也是作者一贯倡导的「致良知」的具体例证。

这又是一篇阐明作者「致良知」的观点的论文。全文从宣君修缮象祠写起，作者连着用了两个「胡然乎」的质疑句子带动了全文。在正面论证「致良知」这一中心内容时，作者采取了层层深入、水到渠成的手法。他首先指出，人们之所以为象立祠，是为了纪念舜，即所谓「爱屋及乌」之意，然后具体到舜是如何感化象的，自然地得出了第四段结尾中所说的「天下无不可化之人」的结论。

瘗旅文（王守仁）

维正德四年①秋月三日，有吏目②云自京来者，不知其名氏，携一子一仆，将之任，过龙场③，投宿土苗④家。予从篱落⑤间望见之，阴雨昏黑，欲就问讯北来事，不果。明早，遣人觇⑥之，已行矣。薄午⑦，有人自蜈蚣坡来，云：「一老人死坡下，傍两人哭之哀。」予曰：「此必吏目死矣。伤哉！」薄暮，复有人来，云：「坡下死者二人，傍一人坐叹。」询其状，则其子又死矣。明日，复有人来，云：「见坡下积尸三焉。」则其仆又死矣。呜呼伤哉！

念其暴骨无主，将⑧二童子持畚⑨、锸⑩往瘗之，二童子有难色然。予曰：「噫！吾与尔犹彼也！」二童闵然涕下，请往。就其傍山麓为三坎⑪，埋之。又以只鸡、饭三盂，嗟吁涕洟⑫而告之，曰：

呜呼伤哉！繄⑬何人？繄何人？吾龙场驿丞余姚王守仁也。吾与尔皆中土之产，吾不知尔郡邑，尔乌为乎⑭来为兹山之鬼乎？古者重去其乡，游宦不逾千里。吾以窜逐⑮而来此，宜也。尔亦何辜乎？闻尔官吏目耳，俸不能五斗，尔率妻子躬耕可有也。乌为乎以五斗而易尔七尺之躯？又不足，而益以尔子与仆乎？呜呼伤哉！

……成恋兹五斗而来，则宜欣然就道，乌为乎吾昨望见尔容，蹙然⑯，盖不任其忧者？……

……崖壁，行万峰之顶，饥渴劳顿，筋骨疲惫，而又瘴疠侵其外，忧郁攻其中，其能以无死乎？……

……若是其速，又不谓尔子尔仆亦遽然奄忽⑰也！皆尔自取，谓之何哉！吾念尔三骨之无……

……乃使吾有无穷之怆也。呜呼伤哉！

……幽崖之狐成群，阴壑之虺⑱如车轮，亦必能葬尔于腹，不致久暴尔。尔既已无知，然吾……

……乎？自吾去父母乡国而来此，三年矣，历瘴毒而苟能自全，以吾未尝一日之戚戚也。今悲伤若此，……者重，而自为者轻也。吾不宜复为尔悲矣。

吾为尔歌，尔听之。歌曰：连峰际天⑲兮，飞鸟不通。游子怀乡兮，莫知西东。莫知西东兮，维⑳天则同。异域殊方兮，环海之中。达观随寓㉑兮，莫必予宫。魂兮魂兮，无悲以恫㉒。

又歌以慰之曰：与尔皆乡土之离兮，蛮之人言语不相知兮。性命不可期，吾苟死于兹兮，率尔子仆，来从予兮。吾与尔遨以嬉兮，骖㉓紫彪㉔而乘文螭㉕兮，登望故乡而嘘唏兮。吾苟获生归兮，尔子尔仆，尚尔随兮，无以无侣为悲兮！道傍之冢累累兮，多中土之流离兮，相与呼啸而徘徊兮。餐风饮露，无尔饥兮。朝友麋鹿，暮猿与栖兮。尔安尔居兮，无为厉㉖于兹墟㉗兮！

注释

①正德四年：一五〇九年。正德为明武宗年号。

②吏目：明代散州或直隶州均设有吏目一人，掌助理刑狱之事，并管官署内部事务。

③龙场：龙场驿，在今贵州修文县。

④土苗：土著苗族。

⑤篱落：篱笆。

⑥觇：窥视。

⑦薄午：近午。

⑧将：携。

⑨畚：用草绳或竹篾编织成的盛物器具。

⑩锸：铁锹。

⑪坎：坑。

⑫涕洟：目出为涕，鼻出为洟，即指眼泪鼻涕。这里谓哭泣。

⑬繄：发语词，表语气。

⑭乌为乎：为了什么。

⑮窜逐：放逐，这里谓贬斥。

⑯蹙然：皱眉忧愁的样子。

⑰奄忽：疾速，这里喻死亡。

⑱虺：毒蛇，俗称土虺蛇，大者长八九尺。

⑲际天：接近天际。

⑳维：同『惟』，只有。

㉑随寓：随处可居，即随遇而安。

㉒恫：恐惧。

㉓骖：古代一车驾三马叫骖。这里是驾驭的意思。

㉔彪：小虎。

㉕文螭：带有条纹的无角的龙。

㉖厉：厉鬼。

㉗墟：村落。

点评

这是作者为埋葬三个客死在外的异乡人所作的一篇哀祭文。这三个异乡人，仅为了微薄的薪俸而万里奔走，终于暴死异乡。他们与作者素昧平生，但祭文的感情却写得相当深切。作者被贬龙场驿，其景况略如客死之人，借悲客死之人以抒发自己被贬异域的凄苦哀伤之情。但作者能『达观随寓』，终于生活下来了。

信陵君救赵论（唐顺之）

论者以窃符①为信陵君之罪，余以为此未足以罪信陵也。夫强秦之暴亟矣，今悉兵以临赵，赵必亡。赵，魏之障也。赵亡，则魏且为之后。赵、魏，又楚、燕、齐诸国之障也，赵、魏亡，则楚、燕、齐诸国为之后。天下之势，未有岌岌②于此者也。故救赵者，亦以救魏；救一国者，亦以救六国也。窃魏之符以纾魏之患，借一国之师以分六国之灾，夫奚不可者？然则信陵果无罪乎？曰：又不然也。余所诛者，信陵君之心也。

信陵，一公子耳，魏固有王也。赵不请救于王，而谆谆焉请救于信陵，是赵知有信陵，不知有王也。平原君③以婚姻激信陵，而信陵亦自以婚姻之故，欲急救赵，是信陵知有婚姻，不知有王也。其窃符也，非为魏也，非为六国也，为赵焉耳。非为赵也，为一平原君耳。使祸不在赵，而在他国，则虽撤魏之障，撤六国之障，信陵亦必不救。使赵无平原，而平原亦非信陵之姻戚，虽赵亡，信陵亦必不救。则是赵王与社稷之轻重，不能当一平原公子，而魏之兵甲所恃以固其社稷者，只以供信陵君一姻戚之用。幸而战胜，可也，不幸战不胜，为虏于秦，是倾魏国数百年社稷以殉姻戚，吾不知信陵何以谢④魏王也。

夫窃符之计，盖出于侯生，而如姬成之也。侯生⑤教公子以窃符，如姬为公子窃符于王之卧内，是二人亦知有信陵，不知有王也。余以为信陵之自为计，曷若⑥以唇齿之势激谏于王，不听，则以其欲死秦师者而死于魏王之前，王必悟矣。侯生为信陵计，曷若见魏王而说之救赵，不听，则以其欲死信陵君者而死于魏王之前，王亦必悟矣。如姬有意于报信陵⑦，曷若乘王之隙而日夜劝之救，不听，则以其欲为公子死者而死于魏王之前，王亦必悟矣。如此，则信陵君不负魏，亦不负赵；二人不负王，亦不负信陵君。何为计不出此？信陵知有婚姻之赵，不知有王。内则幸姬，外则邻国，贱则夷门野人，又皆知有公子，不知有王。则是魏仅有一孤王耳。

呜呼！自世之衰，人皆习于背公死党之行而忘守节奉公之道，有重相而无威君，有私仇而无义愤，如秦人知有穰侯⑧，不知有秦王，虞卿⑨知有布衣之交，不知有赵王，盖君若赘旒⑩久矣。由此言之，信陵之罪，固不专系乎符之窃不窃也。其为魏也，为六国也，纵窃符犹可。其为赵也，为一亲戚也，纵求符于王，而公然得之，亦罪也。

虽然，魏王亦不得无罪也。兵符藏于卧内，信陵亦安得窃之？信陵不忌魏王，而径请之如姬，其素窥魏王之疏也；如姬不忌魏王，而敢于窃符，其素恃魏王之宠也。木朽而蛀生之矣。古者人君持权于上，而内外莫敢不肃。则信陵安得树私交于赵？赵安得私请救于信陵？如姬安得衔信陵之恩？信陵安得卖恩于如姬？履霜之渐⑪，岂一朝一夕也哉！由此言之，不特众人不知有王，王亦自为赘旒也。

故信陵君可以为人臣植党之戒，魏王可以为人君失权之戒。《春秋》书葬原仲⑫、翚帅师⑬。嗟夫！圣人之为虑深矣！

注释

①符：兵符，其形如虎，故又称「虎符」。

②岌岌：极端危险。

③平原君：战国时赵惠文王之弟，名赵胜，曾任赵相，为战国四公子之一。

④谢：在这里是「请罪」之意，与现代用法不同。

⑤侯生：侯嬴，原为魏国国都夷门的守门人，后为信陵君家中门客。

⑥曷若：何如，如何。

⑦「如姬」句：如姬之父被人杀害，信陵君曾为之复仇，故如姬对信陵君深为感激。

⑧穰侯：魏冉，秦昭襄王之舅父，曾任秦将军、相国，握有秦国军政大权。「穰侯」为其封号。

⑨虞卿：赵孝成王时相国。

⑩赘旒：旒，同「瘤」，多余的东西。

⑪履霜之渐：说明行路时如踏到霜，则冰天雪地即将到来。

⑫葬原仲：原仲为陈国大夫，死后，其旧友季友（鲁国的公子）私自去陈国将其埋葬。

⑬翚帅师：鲁隐公时，宋、陈等国进攻郑国，宋国也要鲁国出兵，鲁隐公不同意，鲁大夫翚（即羽父）未得允许便帅师而去。

点评

本文以『信陵君窃符救赵』的事件为题材，开篇即指出赵国在军事上乃魏国的屏障，赵国灭亡，则魏国亦凶多吉少，由此得出『救赵者，亦以救魏，救一国者，亦以救六国也』的论断，所以信陵君窃符救赵并无不可。但第二段笔锋一转，指出信陵君之所以救赵，并非为保魏国或其他几国，而只因其姻亲平原君在赵，他心目中根本没有魏王。接下来，作者又将矛头指向魏王，说明信陵君窃符救赵之计所以能成功，魏王本身也有一定疏漏。文章末尾对全篇进行综合性的评价，指出为人臣的信陵君之罪在于结党营私，目无君主；为人君的魏王之罪在于君权不明，君威不振，才使得臣子有犯罪的余地。整篇文章从驳斥原有论点开篇，一步一步有条不紊地推出自己的观点，逻辑严谨，构思精妙，无懈可击，是驳论文的典范。

报刘一丈书（宗臣）

数千里外，得长者时赐一书，以慰长想，即亦甚幸矣；何至更辱①馈遗，则不才益将何以报焉？书中情意甚殷，即长者之不忘老父，知老父之念长者深也。至以『上下相孚②，才德称位』语不才，则不才有深感焉。夫才德不称，固自知之矣，至于不孚之病，则尤不才为甚。

且今之所谓孚者，何哉？日夕策马，候权者之门。门者故不入，则甘言媚词，作妇人状，袖金③以私之。即门者持刺④入，而主人又不即出见；立厩中仆马之间，恶气袭衣袖，即饥寒毒热不可忍，不去也。抵暮，则前所受赠金者，出报客曰：『相公倦，谢客矣！客请明日来！』即明日，又不敢不来。夜披衣坐，闻鸡鸣，即起盥栉⑤，走马推门；门者怒曰：『为谁？』则曰：『昨日之客来。』则又怒曰：『何客之勤也？岂有相公此时出见客乎？』客心耻之，强忍而与言曰：『亡⑥奈何矣，姑容我入！』门者又得所赠金，则起而入之；又立向所立厩中。幸主者出，南面召见，则惊走匍匐阶下。主者曰：『进！』则再拜，故迟不起；起则上所上寿金。主者故不受，则固请；主者故固不受，则又固请，然后命吏纳之。则又再拜，又故迟不起；起则五六揖始出。出揖门者曰：『官人幸顾我，他日来，幸无阻我也！』门者答揖。大喜奔出，马上遇所交识，即扬鞭语曰：『适自相公家来，相公厚⑦我，厚我！』且虚言状。即所交识，亦心畏相公厚之矣。相公又稍稍语人曰：『某也贤！某也贤！』闻者亦心计交赞之。

此世所谓『上下相孚』也，长者谓仆能之乎？前所谓权门者，自岁时伏腊，一刺之外，即经年不往也。间道经其门，则亦掩耳闭目，跃马疾走过之，若有所追逐者。斯则仆之褊衷⑧，以此长不见怡于长吏，仆则愈益不顾也。每大言曰：『人生有命，吾惟有命，吾惟守分而已。』长者闻之，得无厌其为迂乎？

乡园多故，不能不动客子之愁。至于长者之抱才而困，则又令我怆然有感。天之与先生者甚厚，亡论长者不欲轻弃之，即天意亦不欲长者之轻弃之也，幸宁心哉！

注释

①辱：辱没。

②孚：信。

③袖金：把金子盛在袖子里。

④刺：名刺，其作用相当于现在的名片。

⑤盥栉：洗脸梳头。

⑥亡：无。

⑦厚：厚待。

⑧褊衷：偏狭的心理。谦词。

点评

作为一封回信，本文紧紧围绕来信中提到的『上下相孚』，运用对比手法，通过描绘官场的丑恶，形象地揭露了进谒者的奴颜婢膝、曲意逢迎和权贵的骄横跋扈、倨傲做作的丑态，深刻地揭示了统治阶级的腐败丑恶和当时社会的黑暗，具有很强的讽刺力量。作者在形象描绘后还有精当的反诘和议论，如『此世所谓上下相孚也』，就是形象引来的结论。『长者谓仆能之乎？』『长者闻之，得无厌其为迂乎？』这种反诘和议论增强了批判的锋芒，使形象描绘所表达的形象由感性上升到理性的高度。

吴山图记（归有光）

吴①、长洲②二县，在郡治所③，分境而治④。而郡西诸山，皆在吴县。其最高者，穹窿⑤、阳山⑥、邓尉⑦、西脊⑧、铜井⑨。而灵岩⑩，吴之故宫⑪在焉，尚有西子⑫之遗迹。若虎丘⑬、剑池⑭及天平⑮、尚方⑯、支硎⑰，皆胜地也。而太湖⑱汪洋三万六千顷，七十二峰⑲沉浸其间，则海内⑳之奇观矣。

余同年㉑友魏君用晦为吴县，未及三年，以高第㉒召入为给事中㉓。君之为县，有惠爱㉔，百姓扳留㉕之，不能得，而君亦不忍于其民。由是好事者㉖绘《吴山图》以为赠。

夫令之于民，诚重矣。令诚贤也，其地之山川草木，亦被㉗其泽而有荣也；令诚不贤也，其地之山川草木，亦被其殃而有辱也。君于天之山川，盖增重矣。异时吾民将择胜于岩峦之间，尸祝㉘于浮屠、老子之宫也，固宜。而君则亦既去矣，何复惓惓㉙于此山哉？昔苏子瞻㉚称韩魏公㉛去黄州四十余年而思之不忘，至以为《思黄州》，子瞻为黄人刻之于石。然后知贤者于其所至，不独使其人之不忍忘而已，亦不能自忘于其人也。

君今去县已三年矣。一日，与余同在内庭㉜，出示此图，展玩太息㉝，因命余记之，噫！君之于吾吴有情如此，如之何而使吾民能忘之也！

注释

①吴：吴县，今已撤销并入江苏苏州市，为吴中区。

②长洲：明代县名，后并入吴县。

③郡治所：州府官署所在地，此处是指苏州府治。

④治：治理。

⑤穹窿：山名，在今苏州市西南。

⑥阳山：在今苏州市的西北。

⑦邓尉：山名，在今苏州市西南，因东汉时邓禹曾隐居此山而得名，山上多梅花。

⑧西脊：又称西碛山，在邓尉山西。

⑨铜井：又称铜坑山，亦在今苏州市西南，以产铜而得名。

⑩灵岩：山名，在今苏州市木渎镇，又名石鼓山、研石山、象山、石城山。

⑪吴之故宫：春秋时吴国君主夫差曾在灵岩为西施建馆娃宫。

⑫西子：即西施，春秋时越国的美女，越国君主勾践将西施献给吴王夫差，西施备受吴王宠爱。

⑬虎丘：山名，一名海涌山。在江苏苏州市西北阊门外。

⑭剑池：池名。在今江苏苏州市虎丘山。

⑮天平：山名，在灵岩山北，因山顶方平，故名天平山。

⑯尚方：山名，又称上方山、楞枷山，在原吴县西南。

⑰支硎：山名，在原吴县西南，相传晋代名僧支遁曾隐于此山。

⑱太湖：在今江苏省南部，面积二千四百多平方公里，是我国第三大淡水湖。

⑲七十二峰：太湖中有大小岛屿四十八个，加上沿湖的山峰和半岛，号称七十二峰。

⑳海内：古人以为我国疆土四面环海，故称国境以内为海内。犹言天下。

㉑同年：封建时代同一年中举或同一年登进士第的互相称同年。

㉒高第：在吏部举行的考核中列为上等者称高第。

㉓给事中：官名。

㉔惠爱：对老百姓施惠和爱护。

㉕扳留：挽留。

㉖好事者：喜欢绘画的人。事，从事。

㉗被：通『披』，受。

㉘尸祝：尸，代表鬼神受享祭的人；祝，传告鬼神言辞的人。

㉙惓惓：恳切、难以舍弃的样子。

㉚苏子瞻：即苏轼，字子瞻，号东坡。

㉛韩魏公：即韩琦，字稚圭。

㉜ 内庭：即内廷，宫廷之内。

㉝ 太息：出声长叹。

点评

《吴山图》是吴县百姓送给离任县令魏用晦的纪念品，礼轻情义重，代表了百姓对廉洁贤明县令的真情实感。但作者却不直接从《吴山图》说起，而是极写吴县的山川形胜，而这些自然景观本身又极富文化积淀，显示出深广的历史文化内涵；又通过自己与《吴山图》主人的同年关系，引出《吴山图》的故事，顺理成章地将一地的山川形胜与为官一任、造福一方的贤能之士联系起来，同时也为下文的议论作了坚实的铺垫。然后从县令的贤与不贤对百姓的影响说起，用苏轼和韩琦的故事为例，说明贤能官吏自然会得到当地百姓的深切怀念，称赏魏用晦是『不能自忘于其人』的贤者，百姓当然忘不了他。作者紧扣官与民的关系来展开议论，结构巧妙，层次井然，抒情含蓄，各方面都颇具匠心。

沧浪亭记（归有光）

浮图①文瑛居大云庵，环水，即苏子美②沧浪亭之地也。亟求余作《沧浪亭记》，曰：『昔子美之记，记亭之胜也。请子记吾所以为亭者。』

余曰：昔吴越③有国时，广陵王④镇吴中，治南园于子城之西南；其外戚孙承祐⑤，亦治园于其偏。迨淮海纳土⑥，此园不废。苏子美始建沧浪亭，最后禅者居之：此沧浪亭为大云庵也。有庵以来二百年，文瑛寻古遗事，复子美之构于荒残灭没之余：此大云庵为沧浪亭也。

夫古今之变，朝市改易。尝登姑苏之台⑦，望五湖⑧之渺茫，群山之苍翠，太伯⑨、虞仲⑩之所建，阖闾⑪、夫差⑫之所争，子胥⑬、种⑭、蠡⑮之所经营，今皆无有矣。庵与亭何为者哉？虽然，钱镠因乱攘窃，保有吴越，国富兵强，垂及四世。诸子姻戚，乘时奢僭，宫馆苑囿，极一时之盛。而子美之亭，乃为释子所钦重如此。可以见士之欲垂名于千载，不与其澌然⑯而俱尽者，则有在矣。

文瑛读书喜诗，与吾徒游，呼之为沧浪僧云。

注释

① 浮图：僧人。

② 苏子美：苏舜钦，字子美，祖籍梓州铜山（今四川中江）人，后移居开封。

③ 吴越：五代十国之一，钱镠所建立，占有今浙江及江苏西南部、福建东北部地区。

④ 广陵王：钱元璙，字德辉，钱镠子。曾为苏州刺史。元瓘时进检校太师中书令，后封广陵郡王。

⑤ 孙承祐：钱塘人，吴越主钱俶纳其姊为妃，因擢处要职，曾为中吴军节度使。

⑥ 淮海纳士：指吴越国主钱俶献其地于宋。

⑦ 姑苏之台：姑苏台，在今苏州城西南。越灭吴，被焚毁。

⑧ 五湖：这里指太湖。

⑨太伯：周先祖太王长子。

⑩虞仲：即仲雍。

⑪阖闾：一作阖庐，即姬光。他派专诸刺杀吴王獠，代立为王，屡败楚兵，曾攻入楚都郢。后为越王勾践战败。

⑫夫差：吴王阖闾之子。继位后，誓报父仇。在夫椒大败越兵，后又被越王勾践所攻灭。

⑬子胥：伍员，字子胥，吴国大臣。

⑭种：文种，越国大夫。

⑮蠡：范蠡，越国大夫。

⑯澌然：灭尽的样子。

点评

全文抓住由『园』到『亭』、由『亭』到『庵』、再由『庵』到『亭』的变化，不到百字的篇幅，呈现了长达六百多年的悠久历史，表现了作者高超的概括能力和广博学识。历史上像太伯、虞仲、阖闾、夫差、子胥、文种、范蠡这样的人物都已是历史的匆匆过客，钱氏吴越『宫馆苑囿，极一时之盛』，也已经澌然而尽，甚至未给后人留下任何印象，而苏舜钦建造的一座小亭，却令后人『钦重如此』。作者由此得出结论：『可以见士之欲垂名于千载，不与其澌然而俱尽者，则有在矣。』一篇曲折文字，主意只在此一句。作者对所谓『有在』未作更明白的揭示，留有丰富的想象余地。

青霞先生文集序（茅坤）

青霞沈君，由锦衣经历上书诋宰执，宰执深疾之。方力构其罪，赖天子仁圣，特薄其谴，徙之塞上。当是时，君之直谏之名满天下。已而，君累然携妻子，出家塞上。会北敌数内犯，而帅府以下，束手闭垒，以恣敌之出没，不及飞一镞以相抗。甚且及敌之退，则割中土之战没者与野行者之馘①以为功，而父之哭其子，妻之哭其夫，兄之哭其弟者，往往而是，无所控吁。君既上愤疆场之日弛，而又下痛诸将士之日菅刈②我人民以蒙国家也，数呜咽欷歔；而以其所忧郁发之于诗歌文章，以泄其怀，即集中所载诸什③是也。

君故以直谏为重于时，而其所著为诗歌文章，又多所讥刺，稍稍传播，上下震恐。始出死力相煽构，而君之祸作矣。君既没，而一时阃寄④所相与谗君者，寻⑤且坐⑥罪罢去。又未几，故宰执之仇君者亦报罢。而君之门人给谏俞君，于是哀辑⑦其生平所著若干卷，刻而传之。而其子以敬，来请予序之首简。

茅子受读而题之曰：若君者，非古之志士之遗乎哉？孔子删《诗》，自《小弁》⑧之怨亲，《巷伯》⑨之刺谗以下，其忠臣、寡妇、幽人、怼士之什，并列之为『风』，疏之为『雅』，不可胜数。岂皆古之中声也哉？然孔子不遽遗⑩之者，特悯其人，矜其志。犹曰『发乎情，止乎礼义』，『言之者无罪，闻之者足以为戒』焉耳。予尝按次《春秋》以来，屈原⑪之《骚》疑于怨，伍胥⑫之谏疑于胁，贾谊⑬之《疏》疑于激，叔夜之诗⑭疑于愤，刘蕡⑮之对疑于亢。然推孔子删《诗》之旨而哀次之，当亦未必无录之者。

君既没，而海内之荐绅⑯大夫，至今言及君，无不酸鼻而流涕。呜呼！集中所载《鸣剑》、《筹边》诸什，试令后之人读之，其足以寒贼臣之胆，而跃塞垣战士之马，而作之忾也，固矣！他日国家采风者之使出而览观焉，其能遗之也乎？予谨识之⑰。

至于文词之工不工，及当古作者之旨与否，非所以论君之大者也，予故不著。嘉靖癸亥孟春望日归安茅坤拜手序。

注释

①馘：被杀者的左耳。古时作战凭割取敌人的左耳来计功。

②菅刈：割草。菅，草名。这里指像割草一样残害百姓。

③诸什：诸篇。

④阃寄：统兵在外的人。阃，特指部门的门槛。寄，托付。

⑤寻：不久。

⑥坐：因。

⑦裒辑：搜集、编辑。裒，聚。

⑧《小弁》：《诗·小雅》篇名。

⑨《巷伯》：《诗·小雅》篇名。

⑩遽遗：骤然删除。

⑪屈原：屈原，名平，战国时楚国贵族，辅佐楚怀王。后受贵族子兰、靳尚等人谗毁，被放逐。作《离骚》。

⑫伍胥：伍胥，即伍子胥，春秋时吴国大夫。

⑬贾谊：贾谊，西汉初期杰出的文学家、政论家。他曾多次上疏批评时政，建议削弱诸侯王势力。后受排挤被贬，不久抑郁而死。

⑭叔夜之诗：指嵇康的《幽愤诗》。嵇康，字叔夜，魏晋之际的文学家、思想家、音乐家。

⑮刘蕡：刘蕡，唐代人。

⑯荐绅：同「缙绅」，本指古代官员的一种装束，这里代指官员。

⑰识之：记下这篇序。识，记。

点评

这篇小序很注意选材和布局：没有采用着重评述作品的惯例，而是先用极简洁的笔墨介绍沈炼的生平，突出他不畏权贵、刚直不阿的品格。正是因为他为人耿介正直，才遭到坏人的构陷。序中指出沈炼的诗与其人品一样，秉承了古代有志之士的风格，足以令贼臣之胆寒，使战士跃马沙场，具有重要的社会意义和流传价值。整篇文章从人写到文，最后点出作者自己的意图，脉络清晰，简洁有力，写至感情激越处，不禁一唱而三叹，感慨涕零之状如跃纸上，而呈现出强烈的效果。

蔺相如完璧归赵论（王世贞）

蔺相如①之完璧，人皆称之，予未敢以为信也。

夫秦以十五城之空名，诈赵而胁其璧。是时言取璧者情②也，非欲以窥赵也。赵得其情则弗予，不得其情则予；得其情而畏之则予，得其情而弗畏之则弗予。此两言决耳，奈之何既畏而复挑其怒也？

且夫秦欲璧，赵弗予璧，两无所曲直也。入璧而秦弗予城，曲在秦；秦出城而璧归，曲在赵。欲使曲在秦，则莫如弃璧；畏弃璧，则莫如弗予。夫秦王既按图以予城，又设九宾③，斋而受璧，其势不得不予城。璧入而城弗予，相如则前请曰：『臣固知大王之弗予城也。夫璧非赵璧乎？而十五城秦宝也。今使大王以璧故而亡其十五城，十五城之子弟，皆厚怨大王以弃我如草芥也。大王弗予城而绐④赵璧，以一璧故而失信于天下，臣请就死于国，以明大王之失信。』秦王未必不返璧也。今奈何使舍人怀而逃之，而归直于秦？是时秦意未欲与赵绝耳。令⑤秦王怒，而僇⑥相如于市，武安君⑦十万众压邯郸⑧，而责璧与信，一胜而相如族⑨，再胜而璧终入秦矣。吾故曰：『蔺相如之获全于璧也，天也！』

若其劲⑩渑池，柔⑪廉颇⑫，则愈出而愈妙于用。所以能完赵者，天固曲全之哉！

注释

① 蔺相如：战国时赵国大臣。

② 情：实情、本意。

③ 九宾：古代举行大典时所用的极隆重的礼仪。宾，指傧相，迎宾礼赞的官吏。

④ 绐：欺骗。

⑤ 令：假如。

⑥ 僇：通『戮』，杀戮。

⑦ 武安君：秦国大将白起的封号。

⑨ 族：灭族。

⑩ 劲：强劲、果敢的意思。

⑪ 柔：忍让、退让。

⑫ 廉颇：廉颇，赵国名将。

点评

翻案文章独抒异议，贵在识见高远，令人信服。本文开篇对世所称誉的蔺相如完璧归赵这一史实予以否定，接从失于智、失于信、失于利三个方面阐述予以否定的理由，从而一步步逼出了全文的结论：『蔺相如之获全于璧也，天也！』这里的『天』，是指当时的客观形势。行文至此，文章已可作结，而作者又列出『劲渑池』、『柔廉颇』两件事表明蔺相如的所作所为不过是纵横家的权谋机巧而已，其用意太深了！章法上散聚结合，定主宾之序，掌均变之衡。

征节奏之美，懂疏密散聚，知大小曲直，驭圆缺参差，见开合呼应，求从顺言自然，有很好的借鉴价值。

徐文长①传（袁宏道）

徐渭，字文长，为山阴诸生②，声名籍甚。薛公蕙③校越时，奇其才，有国士之目④。然数奇⑤，屡试辄蹶⑥。中丞胡公宗宪⑦闻之，客诸幕⑧。文长每见，则葛衣乌巾⑨，纵谈天下事，胡公大喜。是时公督数边兵⑩，威镇东南，介胄之士⑪，膝语蛇行⑫，不敢举头，而文长以部下一诸生傲之，议者方之刘真长⑬、杜少陵⑭云。会得白鹿，属文长作表，表上，永陵⑮喜。公以是益奇之，一切疏计，皆出其手。文长自负才略，好奇计，谈兵多中，视一世士无可当意者。然竟不偶⑯。

文长既已不得志于有司，遂乃放浪曲蘖⑰，恣情山水，走齐、鲁、燕、赵之地，穷览朔漠。其所见山奔海立，沙起云行，雨鸣树偃，幽谷大都，人物鱼鸟，一切可惊可愕之状，一一皆达之于诗。其胸中又有勃然不可磨灭之气，英雄失路、托足无门之悲，故其为诗，如嗔如笑，如水鸣峡，如种出土，如寡妇之夜哭，羁人⑱之寒起。虽其体格时有卑者，然匠心独出，有王者气，非彼巾帼而事人者所敢望也。文有卓识，气沉而法严，不以摸拟损才，不以议论伤格，韩、曾⑲之流亚⑳也。文长既雅㉑不与时调合，当时所谓骚坛主盟者，文长皆叱而奴之，故其名不出于越，悲夫！

喜作书，笔意奔放如其诗，苍劲中姿媚跃出，欧阳公所谓『妖韶㉒女，老自有余态』者也。间以其余，旁溢为花鸟，皆超逸有致。

卒以疑杀其继室，下狱论死。张太史元汴㉓力解，乃得出。晚年愤益深，佯狂益甚，显者至门，或拒不纳。时携钱至酒肆，呼下隶与饮。或自持斧击破其头，血流被面，头骨皆折，揉之有声。或以利锥锥其两耳，深入寸余，竟不得死。周望㉔言晚岁诗文益奇，无刻本，集藏于家。余同年有官越者，托以钞录，今未至。余所见者，《徐文长集》、《阙编》二种而已。然文长竟以不得志于时，抱愤而卒。

石公㉕曰：先生数奇不已，遂为狂疾。狂疾不已，遂为囹圄。古今文人牢骚困苦，未有若先生者也。虽然，胡公间世豪杰，永陵英主，幕中礼数异等，是胡公知有先生矣；表上，人主悦，是人主知有先生矣，独身未贵耳。先生诗文崛起，一扫近代芜秽之习，百世而下，自有定论，胡为不遇哉？

梅客生㉖尝寄予书曰：『文长吾老友，病奇于人，人奇于诗。』余谓文长无之而不奇者也。无之而不奇，斯无之而不奇也。悲夫！

注释

① 徐文长：即徐渭，字文长，号青藤道士。明代文人，在诗文、戏曲、书法、绘画方面，都有相当成就。

② 诸生：明代经过省内各级考试，录取入府、州、县学者，称生员。生员有增生、附生、廪生、例生等名目，统称诸生。

③ 薛公蕙：薛蕙，字君采，亳州（今安徽省亳州市）人。正德九年进士，授刑部主事，嘉靖中为给事中。

④ 有国士之目：对杰出人物的评价。国士，国中才能出众的人。

⑤ 数奇：命运坎坷，遭遇不顺。

⑥辄蹶：总是失败。
⑦胡公宗宪：胡宗宪，字汝贞，绩溪（今属安徽）人。嘉靖进士，任浙江巡抚，总督军务，以平倭功，加右都御史、太子太保。
⑧客诸幕：作为幕宾。「客」用作动词，谓「使做幕客」。
⑨葛衣乌巾：身着布衣，头戴黑巾。此为布衣装束。
⑩督数边兵：胡宗宪总督南直隶、浙、闽军务。
⑪介胄之士：披甲戴盔之士，指将官们。
⑫膝语蛇行：跪着说话，爬着走路，形容极其恭敬惶恐。
⑬刘真长：晋朝刘惔，字真长，著名清谈家，曾为简文帝幕中上宾。
⑭杜少陵：杜甫，在蜀时曾作剑南节度使严武的幕僚。
⑮永陵：明世宗嘉靖皇帝的陵墓，此用来代指嘉靖皇帝本人。
⑯不偶：不遇。
⑰曲糵：即酒母，酿酒的发酵物，后遂以之代指酒。
⑱羁人：旅客。
⑲韩、曾：唐朝的韩愈、宋朝的曾巩。
⑳流亚：匹配的人物。

㉑雅：平素，向来。
㉒妖韶：美艳。
㉓张太史元汴：张元汴，字子荩，山阴人。隆庆五年廷试第一，授翰林修撰，故称太史。
㉔周望：陶望龄字。
㉕石公：作者的号。
㉖梅客生：梅国桢，字客生。万历进士，官兵部右侍郎。

点评

徐渭是一位奇人，袁宏道的《徐文长传》也是一篇奇文。传中突出写了徐文长之奇，用「奇」字的地方达八九处之多，从而体现出「雅不与时调合」的总体特征。

但本文的主旨却在他的不遇之可悲。徐文长是著名的诗人、戏曲家，又是第一流的画家、书法家，在文学史和美术史里，都有他崇高的地位。他还很有韬略，在进见「督数边兵，威震东南」的胡宗宪，将官们匍伏跪语，不敢举头，而他却以一个秀才的身份侃侃而谈。但是由于科举不利，「屡试屡蹶」，徐文长终生只是一个秀才，无法发挥他的才能，实现他的抱负。这一切使他成了一个愤世嫉俗的人。

对于这样一个怀才不遇的封建时代具有代表性的知识分子，描写他的狂放与悲愤，以及他不惜以生命与世俗相抗衡的悲剧命运，这才是《徐文长传》的主旨。因此传文虽然突出一个「奇」字，但是结语却是一个叹词：「悲夫！」

五人墓碑记（张溥）

五人者，盖当蓼洲周公①之被逮，激于义而死焉者也。至于今，郡②之贤士大夫请于当道③，即除魏阉废祠之址④以葬之；且立石于其墓之门，以旌⑤其所为。呜呼，亦盛矣哉！

夫五人之死，去⑥今之墓⑦而葬焉，其为时止十有一月耳。夫十有一月之中，凡富贵之子，慷慨得志之徒，其疾病而死，死而湮没不足道者，亦已众矣；况草野之无闻者欤？独五人之皦皦⑧，何也？

予犹记周公之被逮，在丁卯三月之望⑨。吾社⑩之行为士先者⑪，为之声义⑫，敛资财以送其行，哭声震动天地。缇骑⑬按剑而前，问："谁为哀者？"众不能堪⑭，扶而仆之⑮。是时以大中丞抚吴者为魏之私人⑯，周公之逮所由使也；吴之民方痛心焉，于是乘其⑰厉声以呵⑱，则噪而相逐⑲。中丞匿于溷藩⑳以免。既而以吴民之乱请于朝，按诛㉑五人，曰颜佩韦、杨念如、马杰、沈扬、周文元，即今之傫然㉒在墓者也。

然五人之当刑也，意气扬扬，呼中丞之名而詈㉓之，谈笑以死。断头置城上，颜色不少变。有贤士大夫发五十金，买五人之头而函㉔之，卒与尸合。故今之墓中全乎为五人也。

嗟乎！大阉㉕之乱，缙绅㉖而能不易其志者，四海之大，有几人欤？而五人生于编伍㉗之间，素不闻书之训，激昂大义，蹈死不顾，亦曷㉘故哉？且矫诏㉙纷出，钩党之捕㉚遍于天下，卒以吾郡之发愤一击，不敢复有株治㉛；大阉亦逡巡㉜畏义，非常之谋㉝难于猝发，待圣人㉞之出而投缳道路㉟，不可谓非五人之力也。

由是观之，则今之高爵显位，一旦抵罪㊱，或脱身以逃，不能容于远近，而又有剪发杜门，佯狂不知所之者，其辱人贱行，视五人之死，轻重固何如哉？是以蓼洲周公忠义暴㊲于朝廷，赠谥褒美㊳，显荣于身后；而五人亦得以加其土封㊴，列其姓名于大堤之上，凡四方之士无不有过而拜且泣者，斯固百世之遇也。不然，令五人者保其首领，以老于户牖㊵之下，则尽其天年，人皆得以隶使之㊶，安能屈㊷豪杰之流，扼腕墓道㊸，发其志士之悲哉？故余与同社诸君子，哀斯墓之徒有其石也，而为之记，亦以明死生之大，匹夫之有重于社稷也。

贤士大夫者，冏卿㊹因之吴公㊺，太史㊻文起文公㊼、孟长姚公㊽也。

注释

①蓼洲周公：周顺昌，字景文，号蓼洲，吴县（今苏州）人。

②郡：指吴郡，即今苏州市。

③当道：执掌政权的人。

④除魏阉废祠之址：谓清除魏忠贤生祠的旧址。除，修治，修整。魏阉，对魏忠贤的贬称。

⑤旌：表扬，赞扬。

⑥去：距离。

⑦墓：用作动词，即修墓。

⑧皦皦：同「皎皎」，光洁，明亮。这里指显赫。

⑨丁卯三月之望：天启七年（一六二七年）农历三月十五日。

⑩吾社：指应社。

⑪行为士先者：行为能够成为士人表率的人。

⑫声义：伸张正义。

⑬缇骑：穿桔红色衣服的朝廷护卫马队。明清逮治犯人也用缇骑，故后世用以称呼捕役。

⑭堪：忍受。

⑮抶而仆之：谓将其打倒在地。抶，击。仆，使仆倒。

⑯「是时」句：这时做苏州巡抚的人是魏忠贤的党羽。按，即毛一鹭。大中丞，官职名。抚吴，做吴地的巡抚。魏之私人，魏忠贤的党徒。

⑰其：指毛一鹭。

⑱呵：呵斥、责骂。

⑲噪而相逐：大声吵嚷着追逐。

⑳匿于溷藩：藏在厕所。溷，厕所。藩，篱、墙。

㉑按诛：追究案情判定死罪。按，审查。

㉒傫然：聚集的样子。

㉓詈：骂。

㉔函：匣子。这里是用棺材收殓的意思。

㉕大阉：指魏忠贤。

㉖缙绅：也作「搢绅」，指古代缙笏（将笏插于腰带）、垂绅（垂着衣带）的人，即士大夫。缙，同「搢」，插。绅，大带。

㉗编伍：指平民。古代编制平民户口，五家为一「伍」。

㉘曷：同「何」。

㉙矫诏：假托君命颁发的诏令。

㉚钩党之捕：这里指搜捕东林党人。钩党，被指为有牵连的同党。

㉛株治：株连惩治。

㉜逡巡：欲进不进、迟疑不决的样子。

㉝非常之谋：指篡夺帝位的阴谋。

㉞圣人：指崇祯皇帝朱由检。

㉟投缳道路：天启七年，崇祯即位，将魏忠贤放逐到凤阳去守陵，不久又派人去逮捕他。他得知消息后，畏罪吊死在路上。投缳，自缢。投，掷、扔。缳，绳圈，绞索。

㊱抵罪：因犯罪而受相应的惩罚。

㊲暴：显露。

㊳赠谥褒美：指崇祯追赠周顺昌『忠介』的谥号。

㊴加其土封：增修他们的坟墓。

㊵户牖：指家里。户，门。牖，窗。

㊶隶使之：当作仆隶一样差使他们。隶，名词用作状语，像对待奴仆那样。

㊷屈：使屈身，倾倒。

㊸扼腕墓道：用手握腕，表示情绪激动、振奋或惋惜。

㊹冏卿：太仆卿，官职名。

㊺因之吴公：吴默，字因之。

㊻太史：指翰林院修撰。

㊼文起文公：文震孟，字文起。

㊽孟长姚公：姚希孟，字孟长。

点评

这篇为五位普通平民树碑立传的文字，探讨了生死价值这个重大的问题。全文以『义』为核心，说明五人是为义而生，为义而争，最后为义而死，对孟子舍生取义思想作了生动的诠释。

同时歌颂五人，很难着笔。本文在与五人的对比中，揭露和批判了『富贵之子，慷慨得志之徒』和『缙绅』『高爵显位』，同时在与五人互相映衬中，不仅赞美了传主，还肯定了『郡之贤士大夫』。这一系列的对比和映衬充实了歌颂『五人』的思想内容，加强了歌颂『五人』的艺术力量。

吴楚材、吴调侯评价此文：『议论随叙事而入，感慨淋漓，激昂尽致。当与史公伯夷、屈原并垂不朽。』